学級担任が創る
小学校英語の授業

猪井 新一・齋藤 英敏・小林 翔

大学教育出版

は じ め に

　令和2年（2020年）度、小学校英語教育はあらたな局面を迎えます。英語は、小学校5、6年生にとっては正式な教科（外国語科）となり、3、4年生にとっては外国語活動となります。学級担任はどのように対応すればよいのでしょうか。本書は、学級担任が中心となって、小学校の英語授業を創る（計画・実施する）ことができるようにとの趣旨で執筆いたしました。

　前半の第1章から第6章までは、小学校英語教育の経緯・目的、指導者、賛否両論、言語習得、指導原則・指導計画、評価など理論的背景を説明しております。後半の第7章から第14章は、聞く・話す活動、読む・書く活動、チャンツ・歌の指導、読み聞かせ活動、他教科との連携、ICT活用、ティーム・ティーチングなど、さまざまな具体的な活動例を中心に構成されております。各活動例は、そのねらい、準備物、進め方等を明示し、学級担任にとって、その実施が容易となるように配慮いたしました。また、一部の活動例は、本書のワークシートをそのまま使用して活動を体験することも可能です。さらに、各章では「考えてみよう・やってみよう」の項目を設け、本書の理解を深めることをねらいました。

　小学校の学級担任の多くは、英語を専門にするわけでもなく、ご自分の英語力や英語指導に自信がないのは承知しております。また、皆様が日ごろ、ご多忙であることも理解しております。そんな皆様のお役に少しでも立てるようにと、本書は企画・執筆されました。少しずつで構いませんので、本書に書かれていることを実践していただければ幸いです。そして、外国語指導助手（ALT）等に英語授業を丸々お任せにするのではなく、少しでも英語を使ってコミュニケーションをしようとする「学習者モデル」を、児童に示していただけるよう、著者一同心より願っております。

　2020年3月吉日

著者一同
梅満開の水戸にて

学級担任が創る小学校英語の授業

目　次

学級担任が創る小学校英語の授業

第 1 章　小学校英語教育が目指すもの

本章で学習すること
- 公立小学校に英語教育が導入されるようになった経緯
- 小学校英語教育の目的
- 小学校学習指導要領に見られる目標および目標の比較
- これまでの文部科学省作成教材
- 目標の 3 つの柱

ウォームアップ

　自分が小学生の時、どのような英語の授業を受けたのかについて、思い出してみよう。そして、グループで話し合ってみよう。以下に、共通点と相違点をまとめてみよう。

共通点	相違点

1．公立小学校へ英語教育が導入されるようになった経緯

（1）社会的背景

　小学校学習指導要領の改訂がなされ、2020 年に小学校 5、6 年生を対象に週 2 時間、教科としての外国語（英語）の授業が、そして小学校 3、4 年生を対象には週 1 時間の外国語活動の授業が導入されることが、正式に決定された（文部科学省、2018a）。2011 年より行われてきた 5、6 年生を対象とした外国語活動が外国語（英語）へ教科化され、さらに、3、4 年生へ早期化されたと言ってもよい。ここに至るまで、相当長い年数をかけてさまざまな取組や検討がなされてきた。

　日本の公立小学校への英語教育の導入についての本格的な検討は、平成の時代になってから

開始された。一部の私立小学校では、すでに明治時代から英語教育が行われてきた。公立小学校の場合、1992 年（平成 4 年）に初めて、大阪市内の真田山小学校および味原小学校が研究開発校として指定がされた（松川・大城、2008）。小学校英語教育導入検討の理由を当時の社会的背景からみてみる。1 つ目の理由は世界のグローバル化の流れである。日本人が仕事、観光などで世界にどんどん出るようになり、また、外国からも人、物、情報が日本に大量に入ってくるようになった。訪日外国人の数が増えているのを見てもすぐわかる。都会のみならず、地方都市でさえ、鉄道駅構内のアナウンスが日本語だけでなく、英語を含め複数の外国語で行われるようになっている。これは、日本国のみにあてはまるものではなく、世界のあらゆる国々にあてはまると言っても過言ではない。このようなグローバル化された国際社会で、国際競争力を身に付けて生き抜くことはこれからの日本を背負って立つ日本の子どもには必須という考え方である。

　2 つ目の理由は、インターネットの爆発的普及がある。インターネットにより情報の発信、物の入手などが容易となり、グローバル化された世界において、英語はコミュニケーションの手段としてその地位が確立され、英語を身に付け、国際社会の中で生き抜くことは日本人のみならず世界の人々にとって喫緊の課題となっている。直山　（2008）　は、地球にはたくさんの言語が存在するが、英語は世界のさまざまな地域で使用されている実情があるから、地球規模の諸問題を解決するためには英語によるコミュニケーションは必要であると主張する。第 3 章で述べるが、このような国際語としての英語を、知らず知らず崇拝してしまう危険性はあるものの、グローバル化された国際社会において、英語は欠かせないコミュニケーションの手段である。

　3 つ目の理由は、世界のグローバル化以前より、日本人の英語運用能力の低さについては、各界、とりわけ産業界から批判があった（バトラー後藤、2005）。中・高・大と 10 年間英語を学習したとしても、日本人は英語を使うことができないという批判である。以前は、英会話ができるようになるためには、通常の学校とは別に、英会話教室等へ通うことが必要であると言われたほどである。日本人の英語運用能力の低さは、図 1-1 の TOEFL（Test of English as a Foreign Language）の点数のグラフを見てもわかる。TOEFL は非英語圏の学習者が、英語圏の、とりわけアメリカの大学のような高等育機関に留学する際に受験するものである。このグラフは、経済産業省が、国際教育交換協議会が提供したデータをもとに作成したものである。データは 2000 年 6 月〜 2001 年 7 月のもので、多少古いが、アジア諸国の中で日本は最低に位置しているのが分かる。もちろん、国によって、受験者層が異なるため、データを単純比較することは危険であるという批判はある [1]。ただ英語学習を従来の中学校からではなく、小

---

[1]　主な批判は次の通り。1）受験者数が異なる違う群を単純比較することはできない（例えば日本とシンガポールは 6 万人もの差がある）。また、当然ながら受験者は無作為抽出で選ばれていない。2）受験者層が大きく違う。日

学校から開始することで日本人の英語運用能力の向上を図りたい意図が文部科学省にあった。実際 2003 年には、文部科学省は「『英語が使える日本人』の育成のための行動計画」を発表している（松川・大城、2008）。

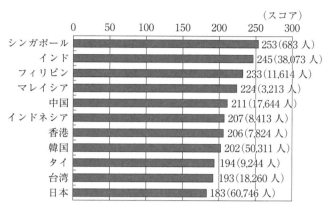

（備考）1. データは、スコア（受験者数）。
　　　　2. スコアは 2000 年 6 月〜 2001 年 7 月実施分。コンピュータ方式の 300 点満点。
（資料）Educational Testing Service「TOEFL Test and Score Data Summary, 2001-2002 edition」（国際交換協議会提供）から作成。

図 1-1　アジア各国・地域における英語能力の国際比較より（TOEFL）
（経済産業省、2002）

考えてみよう・やってみよう

（1）公立小学校へ英語教育が導入されるようになった要因を簡潔にまとめてみよう。

（2）小学校への英語教育導入に対し、どのような反対意見・慎重意見が考えられるか、グループで話し合ってみよう。

（1）まとめ

本は経済的にも裕福であり幅広い層が受験している可能性が高いが、他国は一部特権階級のみが受験している場合が多いと考えられる。3）TOEFL の測定標準誤差は 13 点程度あり、95％の確立で± 26 点前後する。このグラフだとインドネシアまでは日本の平均値に 26 点を足した範疇に入る。以上のことから、このグラフを基に日本の英語力が低いと主張するのは拙速であり誤謬であると判断できる。

(2) 反対意見・慎重意見

（2） 公立小学校への英語教育の導入（2002）

　公立小学校への正式な英語教育導入は、1998年（平成10）に改訂された『小学校学習指導要領』にさかのぼる。「総合的な学習の時間」が新設され、その取扱い項目の1つとして、国際理解が認められ、学校や児童の実態に応じて、外国語にふれたり、外国の生活や文化などに慣れ親しむことが可能となった（文部科学省、1998）。これにより、2002年度より正式に全国の小学校において、英語を扱う活動が可能となった。「総合的な学習の時間」の枠組みで、英語活動が実施されるため、その実施形態・指導内容は各地域・各学校において相当にばらつきがみられた。そのような中で、『小学校英語活動実践の手引き』（文部科学省、2001）が作成された。ここには、国際理解教育に関する学習の一環としての「英会話」を行う際のねらいや、活動の在り方が述べられている。いわば、英語活動を行うための一定のガイドラインである（松川・大城、2008）。

　この手引書に書かれている英語活動のねらいは、児童期に英語に体験的にふれることによって、異文化体験をし、英語を活用しようとする興味・関心・意欲を育成することとであり、外国語（英語）習得を主な目的とするものでないとも付け加えられている（文部科学省、2001、p.3）。英語活動の在り方として、児童の日常生活に身近な英語を扱い、音声中心の活動を行い、実際の体験や疑似体験を通して、英語に親しんでいくような配慮が必要であると述べている。例えば、歌、ゲーム、クイズ、ごっこ遊びなどを具体的な活動例としてあげている。これらのねらいや活動例は、2011年から正式に開始された外国語活動に引き継がれている。

　文部科学省の調査によると、2003年度（平成15年度）全国の小学校の約9割が何らかの形で英語活動を実施し、その割合は2007年度（平成19年度）には97%にまで達している（文部科学省、2008、p.3）。このような状況から2006年（平成18年）、中央教育審議会は、各学校において英語活動の取り組みには相当なばらつきがあり、教育の機会均等の確保、中学校と

の円滑な接続等の観点から、国として各学校に共通に指導する内容を示すことが必要であると答申をした。文部科学省は、その答申を受け、2008年（平成20年）の小学校学習指導要領の改訂に至ったのである。

　その当時、中央教育審議会外国語専門部会（文部科学省、2006）は、小学校の外国語活動の目標として、2つの考え方があるとして併記した。

① 　音声を中心とした英語のコミュニケーション活動や、ALTを中心とした外国人との交流を通して、音声、会話技術、文法などのスキルを中心に英語力の向上を図ることを重視する考え　　　　　　　　　　　　　　　　　　　　（英語のスキルを重視する考え方）

② 　小学校段階にふさわしい国際理解やコミュニケーションなどの活動を通じて、コミュニケーションへの積極的な態度を育成するとともに、ことばへの自覚を促し、幅広い言語に関する能力や国際感覚の基盤を培うことを目的とする考え

　　　　　　　　　　　　　（国際コミュニケーションをより重視する考え方）

　①は、早期英語教育、児童英語教育（児童英会話）に通じるもので、英語を聞いたり、話したりする能力（スキル）を重視するもので、②は英語活動を通して、人と人とのふれあい、つまりコミュニケーションへの積極的態度を重視する考え方であった。そして、中央教育審議会外国語専門部会は、その当時の日本の児童には②の考え方が基本であるとし、文部科学省へ答申をし、2008年の小学校学習指導要領の改訂に至った。

（3）外国語活動の新設（2011）

　2009年度・2010年度の移行措置（期間）を経て、2011年度（平成23年度）より、第5学年および第6学年の児童を対象に、週1回の外国語活動としての英語の授業が正式に開始された。小学校学習指導要領（文部科学省、2008）は、外国語活動新設の理由を主に3つ挙げている。1つ目は、グローバル化が進む社会・経済において、国際協力・国際競争が求められ、学校教育においても外国語教育を充実することが重要であること。2つ目は、小学校段階で外国語に慣れ親しんでおくと、中学校から本格的に始まる外国語のコミュニケーション能力を育成するための素地ができること。3つ目は、総合的な学習の時間等において実施されている英語活動に相当なばらつきがあるため、教育の機会均等の確保と中学校との円滑な接続が必要であり、国として一定に指導内容を示す必要があること。円滑な接続とは、中学校では外国語を聞くこと、話すこと、読むこと、書くことの4技能を一度に取り扱うが、その指導の難しさも指摘されており、小学校段階で、聞くこと、話すことなどの活動を通して、少しでも児童が英語の音声に慣れ親しんでおけば、中学校外国語科の指導が軽減されるというものである。

　このような理由で、第5学年および第6学年において、それぞれ年間35単位時間、週1コマ相当の授業を確保し、外国語は原則英語とすることとした。この当時、まだ正式な「教科」

とは位置づけられず「活動」であった。教科ともなれば、教員免許法の改正、評価、指導者等、対応すべき課題が山積することとなる。さらに、以下に述べるような外国語活動の目標に鑑みてということであるが、実際は教科化は時期尚早という判断があったと思われる。

考えてみよう・やってみよう

(3) 外国語として、英語だけを扱うことでよいのだろうか。話し合ってみよう。

(4) 2008 年の小学校学習指導要領で、外国語活動が新設されたが、「教科」ではない授業を行うことは、どのような問題点・利点が考えられるか、グループで話し合ってみよう。

(4) 外国語活動（2011）の目標

2008 年改訂の小学校学習指導要領における外国語活動の目標は、以下のようなものであった。

①　外国語を通じて、言語や文化に体験的に理解を深める。

②　外国語を通じて、積極的にコミュニケーションを図ろうとする態度の育成を図る。

③　外国語を通じて、外国語の音声や基本的な表現に慣れ親しませる。

①は、ことばへの自覚を促し、国語や日本文化も含めた広い意味での言語や文化に対する理解に言及したもので、英語という特定の言語や英語圏の文化を指すものではない。指導要領では、「英語以外のさまざまな外国語に触れたり、英語圏以外の文化について理解を深めたりするよう工夫を行うことは大切である」（文部科学省、2008、p.13）のように述べている。それ

も、体験を通して理解を深めることが大切であり、ただ単に知識のみによって理解を深めるのではない。広い意味での言語や文化に興味・関心を持つことは、国際理解や国際感覚の基礎を培うこととなる。

　②は、人と人のふれあい、すなわちコミュニケーションの大切さ、楽しさ、難しさに言及したものである。現代の子どもたちは自分や他者の感情や思いを表現したり受け止めたりする表現力や理解力に乏しく、児童が豊かな人間関係を気付くためには言語によるコミュニケーション力が大切であると指導要領は述べている（文部科学省、2008、p.11）。直山（2008）も同様に、子どもたちは便利になった社会生活の中で、ことばを使用する体験が減少しており、人とことばでかかわる体験が少なく、人とことばで関わる楽しさ、ことばでわかりあえる楽しさを子どもたちに体験させることは重要であると述べ、普段無意識に使用している日本語ではなく、外国語の力を借りて行うと述べている（直山、2008）。外国語であれば、外国語を使用する際は、その表現等を意識せざるを得なく、相手の話すことをよく注意して聞かないと理解できないからである。外国語の力を借りて、人と関わろうとする、すなわちコミュニケーションをしようとする態度を育てたいのである。

　③は、外国語の音声や基本的表現に慣れ親しみ、聞く力などを育てることを示している（文部科学省、2008、p.8）。これはまず、週1回の外国語活動によって、児童が英語を流暢に話せるようになったり、無意識に英文法の知識を獲得したりすることを期待する必要がないことを意図している。さらには、中学校段階の文法学習等を前倒しすることのないようにとの意図も含んでいる。あくまで体験的に英語の音声や表現に慣れ親しむことが重要であり、英語を聞くことができるとか、英語を話すことができるなどのスキル向上を目標としているものではない。

　上記のような外国語活動の目標が明示されているにもかかわらず、学校によっては児童が英語を「聞くことができる」ように、「話すことができる」ように、主に英語スキルの向上を目的とした英語の授業が行われていたことも事実である。また、学級担任が外国語英語指導助手（ALT=Assistant Language Teacher）に授業をほぼ丸投げをし、外国語活動の授業に関わらない事例があったことも事実である。小学校の英語授業における学級担任の役割については、後述する。

（5）　小学校英語の教科化および中学年への外国語活動の導入（2020）

　総合的な学習の時間の枠組みで始まった小学校英語の授業であるが、2011年の外国語活動の必修化、2018年度・2019年度の移行措置（期間）を経て、2020年度（令和2年度）には第5学年及び第6学年の児童を対象に教科化され、これまでの外国語活動は第3学年および第4学年の児童を対象に実施することが正式に決定された（文部科学省、2018a）。

　平成29年3月告示の小学校学習指導要領によると、高学年への小学校英語の教科化と中学年への外国語活動導入の趣旨を次のような成果と課題によるとしている。成果としては、児童の英語に対する高い学習意欲が見られ、外国語活動を受けた中学生の外国語教育に対する積極性の向上が認められる。

　一方、課題として、1）音声中心の学習が、中学校段階で音声から文字に円滑に接続されていない、2）日本語と英語の音声の違い、発音と綴りの関係、文構造の学習に課題がある、3）高学年は抽象的思考力が高まり、体系的学習が必要である、4）学年が上がるにつれ、児童生徒の学習意欲減退が課題である、5）進級・進学した際に、それまでの学習内容・指導方法等を発展的に生かせていないなどが挙げられている。

　こうした成果と課題を踏まえ、小学校中学年から外国語活動を導入し、聞くこと、話すことを中心とした活動を通じて外国語に慣れ親しみ、高学年から文字を扱う読むこと、書くことを加えて総合的・系統的に扱う教科学習を行うことで、中学校への接続を図ることを重視することとしている（文部科学省、2018a、pp.6-7; pp.62-63）。

考えてみよう・やってみよう

(5) 小学校英語の教科化が2020年度より開始されるが、どのような課題・問題等が予想されるか。児童・指導者それぞれの立場から考えてみよう。

児童   指導者

（6）これまでの文部科学省作成教材

　これまで文部科学省は、『英語ノート1, 2』『Hi, friends! 1, 2』『Let's Try! 1, 2』『We Can! 1, 2』を作成している。当然であるが、いずれも学習指導料要領の目標、内容に沿って作成されている。基本的には、英語を扱ってさまざまな活動を設定している。最初の外国語活動用英語教材

は『英語ノート 1, 2』である。『英語ノート 1』にはレッスンが 9 つあるが、どのレッスンも基本的には、聞く活動から始まっている。互いに英語で話し合う活動、いわゆるコミュニケーション活動は単元の最後になっている。これは、それ以後の文部科学省作成教材にも当てはまる。聞く活動で始めるというのは、自然な母語習得、外国語習得のプロセスに当てはまり、理にかなっている。

　実際に教材を開いてみると、英語のみならず他の言語も扱っているのがわかる。『英語ノート 1』の Lesson 1 で、世界の「こんにちは」を知ろうということで、英語の 'Hello' だけではなく、ポルトガル語、ロシア語、ハングル語、中国語等で使用される「こんにちは」を扱っている。Lesson 3 では、数の数え方でどこの国の言い方かを尋ねる活動がある。『英語ノート 2』も同様である。Lesson 2 では世界のさまざまな文字を提示している。当時の小学校指導要領（文部科学省、2008、p.25）には、「『世界のさまざまなあいさつ』『世界の文字』『世界の子どもたちの生活』『夢』などを扱うことで、児童の視野を世界へ広げるとともに」とあり、国際理解に資する内容を盛り込んでいるのが分かる。

　次に作成されたものは『Hi, friends! 1, 2』である。英語を扱うことが中心であるが、『Hi, friends! 1』の Lesson 1 では、『英語ノート 1』の Lesson 1 同様に、世界の「こんにちは」を扱っている。『Hi, friends! 2』の Lesson 1 も、『英語ノート 2』の Lesson 2 同様に、世界のさまざまな文字を扱っている。ただ、『英語ノート』と比べると、英語以外の言語にふれることは限定的となっている。おそらく、2020 年度からの小学校英語の教科化を想定しての移行準備とも考えられる。

　2017 年に学習指導要領の改訂が改訂され、2018 年に中学年用に『Let's Try! 1, 2』、高学年用に『We Can! 1, 2』が作成された。中学年の外国語活動では、『Let's Try! 1』の Unit 1 で、世界のあいさつを、Unit 3 では世界の数の数え方を扱っている。『Let's Try! 2』の Unit 1 では世界のあいさつを扱っている。『We Can! 1, 2』は 5、6 年生を対象としており、英語の教科としての学習を想定しているため、英語以外の言語が紙面ではほぼ扱われてはいない。内容としては、日本も含め、世界のさまざまな国の事柄を扱っているが、徐々に、英語の学習に焦点を合わせたような教材となっている。

（猪井　新一）

2.　小学校の英語教育の目標の比較

　ここでは、平成 29 年告示の学習指導要領の目標を概観し、比較する。どういった内容が発展し、規定されているかを深く理解し、それぞれの目標が、内容的に 1 つのつながりを持っていることに気づくことが大切である。

（1）　小学校英語の概要

表 1-1 は、外国語活動と外国語科の主な特徴などを比較している。

表 1-1　外国語活動と外国語科の概要の比較

	外国語活動	外国語科
学年	小学校 3 年生・4 年生（中学年）	小学校 5 年生・6 年生（高学年）
単位・時間数	年間 35 単位時間（週 1 コマ程度）	年間 70 単位時間（週 2 コマ程度）
語彙数	600 〜 700 語	
特徴	活動型	教科型
内容	・聞くこと、話すこと（やり取り・発表）を中心に外国語に慣れ親しみ、外国語学習への動機づけを高める。 ・国際コミュニケーションをより重視した考え方。 ・コミュニケーション能力の素地となる資質・能力の育成。	・指導の系統性を確保しながら、段階的に読むこと、書くことを加える。 ・スキルをより重視する考え方。 ・ことばの仕組み等を知識として理解できるように指導する。 ・コミュニケーション能力の基礎となる資質・能力の育成。
教材	・2018 年『Let's Try! 1』『Let's Try! 2』	・2020 年：文部科学省検定済教科書

（2）「外国語活動」と「外国語科」の比較

①　外国語活動

外国語活動の目標は、次の通りである。

> 「外国語による<u>コミュニケーションにおける見方・考え方</u>を働かせ、外国語による<u>聞くこと、話すこと</u>の言語活動を通して、コミュニケーションを図る<u>素地となる資質・能力</u>を次のとおり育成することを目指す」　　　　　　　（文部科学省、2018a、p.11、下線は筆者による）

「外国語によるコミュニケーションにおける見方・考え方」とは、「外国語で表現し伝え合うため、外国語やその背景にある文化を、社会や世界、他者との関わりに着目して捉え、コミュニケーションを行う目的や場面、状況等に応じて、情報を整理しながら考えなどを形成し、再構築すること」（文部科学省、2018a、p.11）となっており、外国語でコミュニケーションを図る際の視点や考え方を示し、外国語を学ぶ本質的な意義を述べている。外国語が実際に使われる場面、状況、目的などを考慮しながら、自らの考えを相手に伝わるようにしたり、相手の言っていることを理解したりすることを意味している。中学年では外国語活動として「聞くこと」および「話すこと」を中心に外国語に慣れ親しむように 2 技能の活動が明記された。さらに、コミュニケーションを図る素地の資質・能力を①知識および技能、②思考力、判断力、表現力等、③学びに向かう力、人間性等、の 3 つの柱として示し、それぞれの目標を明確に設定している。

②　外国語科

教科として新設される外国語科の目標は、次の通りである。

> 「外国語によるコミュニケーションにおける見方・考え方を働かせ、外国語による<u>聞くこと、読むこと、話すこと、書くこと</u>の言語活動を通して、コミュニケーションを図る<u>基礎</u>となる資質・能力を次のとおり育成することを目指す」（文部科学省、2018a、p.67、下線は筆者による）

　高学年では、外国語科として段階的に「読むこと」「書くこと」を加え、総合的・系統的に学習を行う。外国語活動と外国語科を比較すると、育成する力がコミュニケーションを図る「素地」から「基礎」へ変更になっている。つまり、高学年では体験的なコミュニケーションを通して外国語の音声や基本的表現に慣れ親しむばかりでなく、外国語活動の内容を基にし、ことばの仕組み等を「知識」として理解できることと、実際のコミュニケーションにおいて活用できる基礎的な「技能」を身につけることが求められている。

（3）目標の 3 つの柱

　学習指導要領改定前の高学年における外国語活動の目標は、①言語や文化についての体験的な理解、②積極的にコミュニケーションを図ろうとする態度、③外国語への慣れ親しみを念頭に置いていた。新学習指導要領では、外国語活動、外国語科の目標である「コミュニケーションを図る素地や基礎となる資質・能力の育成」、および、中学校、高等学校の目標である「コミュニケーションを図る資質・能力の育成」の達成に向けて、明確に 3 つの柱を設定している。3 つの柱とは、①知識および技能、②思考力、判断力、表現力等、③学びに向かう力、人間性等である。これは、グローバル化の進展や人工知能の技術革新等により、予測困難な時代を生き抜く力、他者と協力しながら課題を解決する力、状況に応じて、臨機応変に目標などを再設定できる力が求められている背景があり、こうした力を身に付けさせるために教育課程全体を通して育成を目指す資質・能力が 3 つの柱に整理されたのである。それでは、これらの 3 つの柱が示されている新学習指導要領の目標を解説する。

①　知識および技能についての目標

> **外国語活動**
> 「外国語を通して、言語や文化について体験的に理解を深め、日本語と外国語との音声の違い等に気付くとともに、外国語の音声や基本的な表現に慣れ親しむようにする」
> （文部科学省、2018a、p.13）

> **外国語科**
> 「外国語の音声や文字、語彙、表現、文構造、言語の働きなどについて、日本語と外国語との違いに気付き、これらの知識を理解するとともに、読むこと、書くことに慣れ親しみ、聞くこと、読むこと、話すこと、書くことによる実際のコミュニケーションにおいて活用できる基礎的な技能を身に付けるようにする」
> （文部科学省、2018a、p.69）

　まず、言語活動を通して、主体的にコミュニケーションを図ることの楽しさや大切さを知り、

体験的に身に付けることができるようにすることが明記されている。つまり、慣れ親しんできた英語を駆使して伝え合う体験を通して、英語で伝え合えた満足感や達成感を味わうことができるようにすることが重要である。児童のもっている語彙や表現は限られるが、ジェスチャーや動作等を用いながら、相手と分かり合える良さを知ることでコミュニケーションの大切さを実感させることができる。

　次に、日本と外国の言語や文化について理解し、多様な考え方があることに気付き、異なる文化を持つ人々との異文化交流を通して、体験的に文化等の理解を深めることが求められている。外国語を学ぶことで、逆にこれまで気にすることがなかった日本語の特徴についても気付き、日本語についても理解を深めることができ、意味のある文脈の中で外国語に触れることで、外国語の音声や表現の使い方や意味が分かるようになることを求めている。

　「知識および技能」については、外国語活動では、音声や基本的な表現に慣れ親しみ、体験的に理解を深めることと記載されている。一方で、外国語科では、「読むこと」「書くこと」を加えた5つの領域（「聞くこと」「読むこと」「話すこと［やり取り］」「話すこと［発表］」「書くこと」のように「話すこと」が2つに分かれている）を教科として外国語科を導入している。アルファベットや文字や単語などの認識、日本語と英語の音声の違いやそれぞれの特徴、語順の違い等の文構造への気付きなど、読むこと、書くことを加えたコミュニケーションを図る基礎となる資質能力を育成することを目標とし、ことばの仕組み等を知識として理解できるように指導することが求められている。「読むこと」「書くこと」については、慣れ親しませることから指導する必要がある。外国語活動との大きな違いは、実際のコミュニケーションにおいて活用できる基礎的な技能を重視している点である。

② 思考力・判断力・表現力等についての目標

> **外国語活動**
> 「身近で簡単な事柄について、外国語で聞いたり話したりして自分の考えや気持ちなどを伝え合う力の素地を養う」　　　　　　　　　　（文部科学省、2018a、p.14、下線は筆者による）

> **外国語科**
> 「コミュニケーションを行う目的や場面、状況などに応じて、身近で簡単な事柄について、聞いたり話したりするとともに、音声で十分に慣れ親しんだ外国語の語彙や基本的な表現を推測しながら読んだり、語順を意識しながら書いたりして、自分の考えや気持ちなどを伝え合うことができる基礎的な力を養う」　　　　　　　　　　　　　　　　（文部科学省、2018a、p.71）

　ここでは、具体的な課題を設定し、コミュニケーションを行う目的や場面、状況に応じて自分の考えや気持ちなどを付け加えて表現することが大切であり、単にリピートするだけでなく、伝え合う目的や必然性のある場面設定を用意することが必要である。

　外国語活動では、コミュニケーションを行う目的や場面、状況等に応じて、自分のことや身

近で簡単な事柄について、伝え合ったり、工夫して質問をしたり、質問に答えたりすることができるようになることが求められている。つまり、話す相手を意識し、児童がよく知っている人や物、事柄のうち簡単な語彙や基本的な表現で表すことができるものを、実物を見せながらゆっくり動作を交えて繰り返し話すなど、表現する内容や表現方法を児童自身に選択させ、やり取りすることが必要である。

　外国語科では、「思考力、判断力、表現力等」に関しては、コミュニケーションを図る素地から基礎へと変化している。学んだことを基に、自ら推測したり、語順を意識しながら自分なりの考えや気持ちを書いたりしながら伝え合うことができる基礎的な力を養うことが求められているからである。さらに、理解していることをどのように使うかという視点が大切であり、コミュニケーションを行う<u>目的や場面、状況</u>などに応じて、外国語を実際に使用することが不可欠である。

③　学びに向かう力、人間性等についての目標

> 外国語活動
> 「外国語を通して、言語やその背景にある文化に対する理解を深め、相手に配慮しながら、主体的に外国語を用いてコミュニケーションを図ろうとする態度を養う」
>
> （文部科学省、2018a、p.15）

> 外国語科
> 「外国語の背景にある文化に対する理解を深め、<u>他者</u>に配慮しながら、主体的に外国語を用いてコミュニケーションを図ろうとする態度を養う」
>
> （文部科学省、2018a、p.72、下線は筆者による）

　ここでは、外国語を通して、日本語を含めた広い意味の言語や文化について理解を深めることを目指し、生涯にわたって外国語学習に取り組む態度を育成することを目標にしている。その際、聞き手である相手の理解の状況や反応を確認しながら対話をしたり、相手が言ったことを共感的に受け止めることばを返しながら聞いたりするなど、相手の発話に反応しながら聞き続けようとする態度を育成することが求められている。

　外国語を通して、言語活動を易しいものから段階的に取り入れたり、母語と外国語を比較したりと、児童の主体的に取り組む態度の育成を目指した指導をすることが大切である。また、コミュニケーションの対象は、外国語活動では、児童の発達段階を考慮して目の前にいる相手（例えば、教師や友だちなど）と限定している。さらに、授業だけでなく、学校教育外においても、生涯にわたって継続して外国語習得に取り組もうとする態度を養うことも目標としている。

　外国語科の「学びに向かう力、人間性等」の目標では、コミュニケーションをする対象が相手から他者へと変化している。「他者に配慮しながら主体的に外国語を用いてコミュニケー

ションを図ろうとする態度を養う」（p.72 の外国科の目標を参照）と記載があるが、外国語科
では読むこと、書くことも扱うことから、コミュニケーションを図る対象が必ずしも目の前に
いる相手とは限らないことから他者と明記されている。

　また、外国語科では、外国語の音声や文字、語彙、表現、文構造、言語の働きなどの「知識
および技能」をコミュニケーションの目的の中で活用しながら「思考力、判断力、表現力等」
を一体的に育成することが求められ、その過程を通して「学びに向かう力、人間性等」を育ん
でいき、基礎的な力を養うことが必要である。

（4）その他

　学習指導要領に見られる小・中・高等学校の英語科教育の目標の比較および、学習指導要領
と CEFR の関係については、それぞれ巻末に資料1、資料2としてまとめてある。発展的学習
とし、ぜひ参照してほしい。

考えてみよう・やってみよう

(6) 外国の文化を理解するためには、日本の文化との違いに気づくことが大切であるが、児童
　にとって身近な日本の文化を考える時、具体的にどのようなものを取り扱うことができるだ
　ろうか。

　　　　　　　　　　　　　　　　　　　　　　　　　　　　　　　　　（小林　翔）

第2章　小学校英語指導者

本章で学習すること
・誰が指導者としてふさわしいのか
・指導者の課題
・英語苦手意識の対応策

ウォームアップ

自分の小学校時代、英語の授業は誰が指導していたのかについて、グループで話し合ってみよう。

1．小学校英語の指導者の実情

誰が小学校英語の指導者としてふさわしいのかについて、外国語活動を小学校へ導入した当時からいろいろな議論がなされてきた。英語のネイティブ・スピーカーである ALT（Assistant Language Teacher、外国語指導助手）がふさわしい、あるいは中学校英語の教員免許状をもった小学校教諭が英語専科教員として適当である、あるいは、近隣の中学校英語教員が小学校で英語を教えた方がよいなど、指導者についてさまざまな議論がなされてきた。その議論の根本にあるのは、そもそも小学校教員は学校教育現場で英語を扱い、指導することなどまったく訓練されてこなかったし、小学校教員自身も小学校で英語を教えることなどまったく考えてこなかったということがある。2011 年正式に外国語活動として小学校へ英語教育が導入されたが、教員の日々のきわめて多忙な学校生活に加えて、新たな英語を教えるという業務を追加されても対応できないという声があったのも事実である。市町村によって外国語活動の指導者にはかなりばらつきがあり、そのばらつきは、2011 年以前より現在に至るまで続いている。

　ある市では、多くの ALT を市として雇用し、小学校 2 校あたり 1 人の ALT を常駐させ、ALT が中心に英語を授業行うようになっている。また別な市では、教育委員会が民間業者と契約を結び、ALT を所轄の小学校へ派遣してもらい、ALT がほぼ 1 人で授業を展開するような事例も以前はあった。徐々にではあるが、英語の教員免許をもたない学級担任が ALT を文字通りアシスタント（assistant）として活用しながら授業をすすめる形態も増えてきた。小学校英語における望ましい指導者像について議論するためには、学習指導要領を十分読み、理解する必要がある。この点を次のセクションで述べる。

2．学習指導要領における英語指導者

　2011 年の外国語活動導入の際の学習指導要領（文部科学省、2008）および外国語科新設の際の学習指導要領（文部科学省、2018a）において、小学校英語の指導者は以下のようになっている。

> 　学級担任の教師又は外国語活動（外国語）を担当する教師が指導計画を作成し、授業を実施するに当たっては、ネイティブ・スピーカーや英語が堪能な地域人材などの協力を得る等、指導体制の充実を図るとともに、指導方法の工夫を行うこと。　　　　　　　　　（文部科学省、2018a、p.48; pp.127-128）

　上記は 2018 年の学習指導要領における外国語活動および外国語科についての指導者に関する記述であるが、両者において指導者についてほぼ同一の記述である。しかも、前回の学習指導要領（文部科学省、2008）の外国語活動に関する指導者についての記述とほぼ同じである。誰が指導するかについて、まず「学級担任の教師」と述べ、次に「外国語活動（外国語）を担当する教師」と述べている。英語のネイティブ・スピーカーは、いわゆる ALT であるが、その人から協力を得ると述べられているが、その人が中心となって英語指導すると記載されていない。一方、学級担任は、小学校英語指導では欠くことのできない存在であると明言している（文部科学省、2008; 2018a）。学級担任が、小学校英語の指導の欠くことのできない存在である理由を、以下のように主に 2 つ挙げている。

> ①　児童が進んでコミュニケーションを図りたいと思うような、興味・関心のある題材や活動を扱うことが大切であると述べた。このような題材や活動を設定するためには、児童のことを良く理解していることが前提となる。
> ②　児童が初めて出会う英語への不安を取り除き、新しいものへ挑戦する気持ちや失敗を恐れない雰囲気作りのために、豊かな児童理解と高まり合う学習集団づくりが求められる。
> 　　　　　　　　　　　　　　　　　　　　　　　　　　　　　　　（文部科学省、2018a、p.48; p.128）

　学級担任は、朝から児童の下校時まで、圧倒的に多くの学校生活の時間を児童とふれあう。児童 1 人ひとりの興味関心をよく理解しているのは、学級担任である。また、他教科の内容を、

英語の授業に取り入れる場合、どのような内容なら児童が興味・関心を持って取り組むことができるかを判断できるのは学級担任である。週1、2度やってくる ALT や地域のボランティアでは児童理解が深くないから、児童の身近な話題に沿って指導計画を立てることは容易ではない。その点、学級担任が優れているということである。

　外国語学習では、児童も含めて学習者はたくさんの誤りを犯す。外国語学習においては、誤りをすること、それ自体が学習の一部である（第4章）。小学校の英語の授業でも、児童は当然多くの誤りをすることはごく自然であり、児童が誤りをしたとしても、互いにそれを認め合うような学級づくりが必須である。児童が誤りをして、それに対し皆が笑うような学級集団では絶対にあってならない。仮にそのような集団だとすると、児童は誤りを恐れて萎縮してしまい、積極的にコミュニケーションをしようとはならない。誤りを許容し、互いに助け合う学習集団作りが必要であり、その役割は当然学級担任が担うべきである。

　直山（2008）は、自分の経験に基づいて学級担任は英語の学習者モデルであるべきであると主張する。英語のモデルは ALT であり、英語に堪能な地域のボランティア、あるいは中学校英語の教員免許状を所有している英語教師となる。学習者モデルとは、児童とともに英語を学習しようとし、誤りを恐れず、積極的に英語でコミュニケーションを図ろうとする英語学習者としてのお手本のようなものである。英語が得意ではない学級担任が、何とか片言英語やジェスチャーなどを駆使してコミュニケーションしようとする姿を示せば、児童は安心して英語学習に取り組むことが可能となる。学級担任が積極的にコミュニケーションをとろうとしていないで、児童に英語を使うように促したとしても無理がある。学級担任は、英語の学習者であることを認識し、そのような姿を児童に見せることが小学校英語の指導者としての基本姿勢と言えよう。

　現職教員を対象とした教員免許状講習会で、ある受講者が次のようなことを言っていた。「昨年までは、うちの学校では ALT が中心に英語の授業をやっていましたが、今年度4月からは学級担任が中心となって授業をやっています。そうしたら、児童が変わりました。児童が積極的に活動に参加し、英語を話すようになりました」このような発言に、学級担任の指導の重要性が如実に反映されている。

考えてみよう・やってみよう

(1) 学習指導要領（2018a）によると誰が中心となって、英語の授業を計画・実施することになっているか。その理由はなぜだろうか。

(2) 学級担任は、英語のモデルではなく、英語の学習者モデルであると言われるが、将来、自分が小学校の学級担任になった時、英語学習者モデルになるためにはどのようにすればよいだろうか。

3. 学級担任の英語指導者としての課題

　学級担任は英語学習者モデルであると認識したとしても、やはり苦手なものを扱うことは苦痛である。片言でも構わない、間違っても気にしなくてよいと言われても、できるならスラスラと正確な英語を使いたいと思うことは当然であり、英語ができない先生よりもできる先生の方が、英語指導に自信が持てるのは間違いない。学級担任は英語力および英語指導力を身につけたいが、日々の学校生活に追われ、英語力や英語指導力を身につけるための十分な研修の機会がなかなか保証されていないのも事実である。それならば、英語の堪能な ALT や英語の教員免許を持った他の教員に、英語の授業をお願いした方が無難となり、結果として、何年経っても学級担任の英語力・指導力はいっこうに向上しない。そうならないように、学校全体で小学校英語教育に取り組み、学級担任が中心となって英語の授業に取り組むことができるような校内組織や校内研修は絶対に必要である。学級担任に英語指導をすべて押し付けるような学校組織であってはいけない。学級担任は、英語の授業を通して少しずつ英語に慣れ親しみ、英語の指導法を身につけることが望ましい。

4. 学級担任の英語苦手意識と望まれる姿勢

　英語に対して苦手意識を持つ小学校教員には、とりわけ発音に関しては、カタカナ英語も含め Japanese English を、1つの選択肢としても提案したい。

　グローバル化がますます進む国際社会において、日本の子どもたちは将来英語の母語話者を相手にするよりも、非英語母語話者を相手にして英語によるコミュニケーションする機会の方が圧倒的に多いことが十分予想される。Jenkins（2009）は、ELF（English as a lingua franca）（異なった言語を話す人々の間で使用される共通語という意味）という用語を用い、

日本人英語学習者も含め、従来英語を外国語として学習してきた国々の人々は、学術的な場面も含めいろいろな場面で、第一言語が異なるさまざまな人々と、共通語としての英語、つまり ELF を用いてコミュニケーションする必要性があると主張する。つまり、英語指導者、英語学習者とも、もはや英語のネイティブ・スピーカーのような発音にこだわる必要はないのである。英語の発音は通じればよいというような姿勢が大切である。外国の人に通じる英語の発音とは、いったいどのようなものかについては、いろいろ議論の余地はあるが、Japanese English のような、英語のネイティブ・スピーカーのような発音でなくても構わないという考え方は、英語の苦手意識の軽減につながる。

　小学校学級担任は、児童に対して英語のネイティブ・スピーカーのような発音を求めないことも大切である。学級担任、そして児童にとって、英語の発音を含め英語を聞くこと・話すことなどのスキルの向上は大切であるが、それ以上に大切なものは、他の人と英語でコミュニケーションを図ろうとする姿勢や態度である。学級担任が発音は上手ではなくても、片言英語やジェスチャーを使って、コミュニケーションしようとする姿こそが、児童に安心感を与え、自分たちもやってみようと勇気づけられるのである。

　そのような学級担任による指導では、児童が、自然な英語の発音や英文法の基礎基本を身に付けることはできないという批判があるが、そもそも週 1 時間、2 時間程度の英語の授業で身に付けられる英語のスキルはきわめて限定的である。日常会話に支障のないような英語を聞くこと、話すこと、読むこと、書くことの能力を身に付けることは、日本のようなほぼ教室でしか英語を学習しない環境では相当困難である（第 4 章参照）。つまり小学校英語教育において特に大切にしたいのは、他の人とコミュニケーションを図ろうとする積極的態度である。そのような態度が基礎となり、その後の中学校、高校、大学における英語学習につながっていくことが期待される。将来、英語の単語や文法等の知識を持っていても、他の人とコミュニケーションをしようとしないのであれば、外国語教育における「学びに向かう力、人間性等」、言い換えれば「主体的に外国語を用いてコミュニケーションを図ろうとする態度」（文部科学省、2018a、p.15）が十分育っていないことになる。そのような態度を育てるためにも、まずは学級担任が英語を用いてコミュニケーションをしようとする姿勢を、学習者モデルとして、児童に示すことがきわめて肝要である。

　本書の第 14 章に、英語の授業で頻繁に使用されるクラスルーム・イングリッシュ（教室英語表現）がある。クラスルーム・イングリッシュは決まり文句のようなものであるから、これを、英語の授業中に少しずつ使うとよい。何度も同じ表現を繰り返して使用するので、1 年も経つと相当にクラスルーム・イングリッシュが使えるようになるはずである。

考えてみよう・やってみよう

（3）あなたは英語に対し、苦手意識を持っているか。それはなぜか。苦手意識を持っていない
　　人は、なぜか。

（4）自分（あるいは児童）の英語に対する苦手意識を克服するためには、どのようにしたらよ
　　いと思うか、話し合ってみよう。

5. 学級担任の英語指導者としての長所

　なぜ学級担任が英語の指導者としてふさわしいのかについて、これまで、主に、児童理解に
基づいた授業計画および実施、学級経営、英語学習者モデルなどの観点から述べてきた。それ
以外の長所についてもふれてみる。Medgyes（1994）は、英語指導者としての学級担任に直
接言及したものでないが、ネイティブ・スピーカーよりも非英語母語話者の方が、英語指導者
として以下のような長所をもっていると述べている。

①　英語学習者モデルを学習者に示すことができる。

②　これまでの外国語学習経験から、外国語学習の方法・方略（language learning
　　strategies）を示すことができる。

③　ネイティブ・スピーカーは無意識に目標言語を使用しているが、非英語母語話者は意識
　　的に目標言語を学習してきたため、目標言語についてよく知っている。

④　学習者の学習困難点を予測でき、それに応じた指導ができる。

⑤　外国語学習における学習者の気持ちを理解できる（共感できる）。

⑥　学習者の母語を使用することができる。それによって、指導の効率化を図ることができ
　　る。

小学校英語教育の目的を考慮すると（第1章参照）、学級担任は、英語授業では欠かせない

存在であることを十分理解し、英語でコミュニケーションをしようとする学習者モデルを児童に示す役割を担っていると認識すべきである。

考えてみよう・やってみよう

(5) 上記②について、これまでの自分の経験に基づいて、どのような英語学習方法が効果的であったか。そして、あまり役立たなかった学習方法はどのようなものだったか。

(6) 上記④について、例えば、児童が英語を学習する際に、どのようなところが学習困難であると予想できるか。

（猪井　新一）

第3章　小学校英語教育賛否両論

本章で学習すること
・小学校英語教育に対するこれまでの賛成意見と慎重意見・反対意見

小学校での英語教育は、2002年に総合的な学習の時間の中で国際理解教育の一環として実施が可能となり、2011年の外国語活動の必修化を経て、2020年教科としての外国語（英語）科の導入が正式に決定された経緯がある。外国語活動が導入される以前から、小学校への英語教育導入に関して、いろいろな賛成意見、反対意見があったことは事実である。それらを理解することで、小学校英語教育の意義および課題を考えてみたい。

1．小学校英語教育に対する賛成意見

長い間日本の学校教育では、英語教育は中学校から開始されていたが、その不十分さが指摘されるようになった。まず、小学校で英語教育を開始することに対する賛成意見には次のようなものがある。第1点目は、外国語教育の改善という観点である。すでに第1章で述べたように日本人の英語運用能力はアジア諸国の中でも低いと考えられている。中学校からではなく、それ以前の小学校から英語学習を開始すれば、それだけ学習時間も確保されるので、児童は抵抗感なく、恥ずかしがらないで、それも自然と英語を身に付けることができるというような考えがあり、巷では広く支持されている。その真偽はともかくとして、外国語学習は早ければ早いほど良いという点で、小学校英語教育を支持する考え方である。

第2点目は、異文化理解・国際理解の観点である。そもそも公立小学校の英語教育は、総合的な学習の時間における国際理解教育の一環として導入された。普段から慣れ親しんでいる自国の文化とは別の文化にふれることで、視野が広まり、さらに他の文化と比較することで自国の文化の理解が深まることにつながる。

また、自分とは異なる生活習慣・価値観にふれることで、異なる文化・考え方を持つ人と共生をする資質の基礎を養うことにもなる。学習指導要領でも世界のさまざまな国の生活や文化と日本の生活や文化との共通点や相違点に気づくことが大切であり、世界の人々と相互の立場を尊重、協調しながら交流を行っていけることが大切であると述べられている（文部科学省、2018a、pp.46-47）。具体例の1つとして、英語の授業中、外国人であるALTの先生と接すること自体が異文化体験である。小学生のうちからそのような体験を積み重ねると、外国人に対する抵抗感がなく、自分たちとは異なる人・文化などに対して寛容な態度を育むことができる

というものである。

　第 3 点目は、ことばを使ったコミュニケーションの重要性の観点である。普段無意識に使用している日本語ではなく、外国語を用いる場合は、相手の話すことを注意深く聞かなくてはならないし、自分の思いを伝えるにしても相当困難であり、相手に通じたときはうれしいという喜びを体験する。このようなことばを使ったコミュニケーションの難しさ、楽しさ、大切さなどを、外国語によるコミュニケーションを通して体験させることが可能となり、児童の言語への興味関心を高めることにつながる（直山、2008、p.27; 文部科学省、2018a、p.12）。

　岡・金森（2007、p.87）は小学校の英語教育はスキルや知識の習得、英会話の学習というよりは、むしろことばの教育、コミュニケーション教育の一環であると述べ、小学校英語教育を通して、ことばで気持ちや考えを伝え合う教育が可能となると主張し、直山と同様のことを述べている。もちろん、気持ちを伝え合うためには、道具が必要であり、道具には、音声・文字という言語手段と、ジェスチャーや顔の表情などの非言語手段がある。英語教育は単に道具の習得だけに終わるのではなく、その道具を用いてどのように気持ちを伝え合うかが大切となる。

　第 4 点目は、世界のグローバル化の観点である。第 1 章でも述べたように人、物、情報のグローバル化がどんどん進んでいる。このような国際社会で生き抜くためには英語は必須のコミュニケーション手段である。自国の文化や、自分のことを世界に発信するにしても、その言語は日本語ではなく英語となる。2020 年に東京を中心にオリンピックが開催されるが、世界各地から集まる人々とコミュニケーションする際に最も汎用性のあるコミュニケーションの手段としての言語は英語である。英語を使うことができれば、世界の人々と交流が可能となる。よって、英語をコミュニケーションの手段として身に付けるためにも、小学校に英語教育を導入した方が良いという意見である。

　第 5 点目は、世界の諸外国と比べて、日本の英語教育開始年齢が遅れているということがある。デンマーク、フィンランド、フランスなどのヨーロッパ諸国は、9 〜 10 歳で英語教育を開始し（土屋・広野、2000、p.22）、韓国、中国、台湾、タイなどのアジアの国々も英語教育を 9 〜 10 歳で開始している（バトラー後藤、2005、p.17）。小学校から英語教育を開始することで、日本もようやく外国と足並みを揃えることとなる。

　第 6 点目は、児童の保護者も含め広く国民からの小学校英語教育に対する支持がある。ベネッセの 2006 年の大規模調査によると、小学生の保護者約 4,700 人のうち、76.4%が小学校における英語教育の必修化に賛成し、わずか 14%が反対している（ベネッセコーポレーション、2007）。同一調査において、保護者自身が受けてきた英語教育に関し、約 8 割があまり役立たなかったと回答し、自分たちの子どもには英語学習に対し肯定的な態度を持ってほしいとの願いが込められている。

考えてみよう・やってみよう

(1) 上記に、6つの観点から小学校英語教育を支持する意見が述べられているが、それぞれについて、一言でまとめなさい。

（2） 外国語学習は早ければ早いほど良いという考えがあるが、これについてどのように考えるか。

（3） 上記以外の小学校英語教育を支持する観点を、グループで話し合ってみよう。

2. 小学校英語教育に対する慎重論・反対意見

　これまで小学校英語教育の導入に関し、さまざまな慎重意見・反対意見も述べられてきた。ここでは、それらを理解すると同時に、文部科学省はそのような反対意見にどのように対応しようとしているのかについてみることにする。

　小学校英語教育に対する第1点目の反対意見は、コミュニケーション活動の重要性を認めつつ、なぜ英語を用いた活動でなければいけないのかという意見である。朝日新聞（2010）は社会言語学者の津田幸男氏との対談を紹介し、氏は英語ができる、できないかによっていろいろな面で格差を生み出し、差別や不平等を生じさせているという問題を提起している。氏はこれを英語信仰、英語中心主義と呼び、日本の英語教育者がその英語信仰を助長するのではない

かと心配する。氏は、英語は選択科目であればよいとし、国民全体レベルで英検○級レベルの英語力が必要というような議論は不毛と言い切る。似たような議論をするのが鳥飼久美子氏である。英語を必修化することで有形無形の圧力を児童、さらには保護者、指導者にかけ、英語優先主義（英語優越主義、英語覇権主義のような用語もある）という誤った考えを児童に押し付ける危険性があると言う。小学校では英語教育よりも母語で考える力、生きる力をつけた方がよく、英語教育は中学校からで十分であると主張する（朝日新聞、2006）。

　確かに外国語を英語のみに限定すると、世界にはたくさんの外国語がある中で英語だけを特別扱いすることにつながり、さまざまな言語のコミュニケーションとしての等価値を認めない恐れがある。また英語に限定することになると、当然英語圏の文化にふれることが多くなるから、結果として、多言語・多民族・多文化主義を排除することにならないかという懸念がある

　このような反対意見を考慮し、文部科学省は学習指導要領の中で次のように述べている。

> 特に、外国語や外国の文化を扱う際には、<u>様々な言語に触れたり、人々の日常生活に密着した生活文化や学校に関するものなど幅広い題材を取り扱ったりすることで</u>、児童の興味・関心を踏まえ、<u>特定のものに偏らないように心がけること</u>が重要である。同時に、国語や我が国の文化について理解を深め、その特徴や良さについて発信することができるような指導を大切にしたい。
>
> （文部科学省、2018a、p.46、下線は筆者による）

　上記の引用は外国語活動の指導計画の作成上の配慮事項の一部であるが、英語だけでなく国語も含めさまざまな言語にふれたりすることで、英語一辺倒にならないように配慮することが大切であると述べている。

　同様に次の引用も学習指導要領からであるが、日本も含め英語圏以外の国々の文化を取り上げることの重要性を述べている。

> 題材としては、英語を使用している人々の日常生活等を取り上げるとともに、<u>英語以外の言語を使う人々の日常生活も取り上げることにも配慮すること</u>が求められている。世界には英語以外の言語を話す人々も多い。そのことから、世界の人々を理解するには、<u>英語以外の言語を使う人々の日常生活も取り上げることが大切である。</u>また、それに加えて、ここでは、日本人の日常生活等も取り上げることが大切であると述べている。　　　　　（文部科学省、2018a、p.134、下線は筆者による）

　つまり、小学校英語指導者は、英語信仰、英語優先主義のような反対意見もあることを十分理解し、英語および英語圏文化だけを児童に意識させるような英語の授業であってはならないことを理解する必要がある。上記にように、学習指導要領には、英語や英語文化のみを扱わないように明示されているが、英語以外の外国語を扱ったのは、文部科学省作成教材『Let's Try! 1, 2』のそれぞれの Unit 1 で、「こんにちは」をいろいろな外国語で何と言うかなどである。5、6年生対象の教材『We Can! 1, 2』では、英語以外の外国語は紙面上ではほぼ見られない。

以前の文部科学省教材『英語ノート1, 2』では、世界の「こんにちは」のみならず、数の数え方を英語以外の外国語でどのように言うかや、中国語の漢字を使った教科の名前、アルファベット以外の文字など、英語以外の外国語にもふれるようになっていた。学級担任も含め、指導者は英語優先主義に陥らないように努めて心掛ける必要がある。

　小学校英語教育反対の第2点目は、週1〜2時間の授業では、英語のスキルが身につかないという意見である。外国語教育に携わったことがある人にとっては、これはもっともな意見である。日本のように、基本的に教室のみでしか英語にふれない環境にあって、週1〜2時間で英語のスキルが身につくことはほぼ不可能である（第4章参照）。したがって、2011年に導入された外国語活動の目標は、1）言語や文化についての体験的理解、2）積極的にコミュニケーションを図ろうとする態度の育成、3）外国語の音声や基本的表現への慣れ親しみ、という3つ要素から成り立っているコミュニケーション能力の素地の養成であって、英語を身に付ける、言い換えれば英語のスキルを身に付けさせることを第一義の目的とはしてこなかった。あくまでコミュニケーション能力の素地の養成であった。

　2018年版学習指導要領における外国語活動の目標は、改訂前の目標を基本的に踏襲していると言ってよい。「知識および技能」という事項に、言語や文化の体験的理解および外国語の音声と基本的な表現への慣れ親しみが入るが、外国語のスキルを身に付けるとはなっておらず、あくまで外国語への慣れ親しみである。加えて、コミュニケーションを図る素地となる資質・能力を養うと明示し、外国語を聞いたり・話したりする能力を養成するとはなっていない。例えば「聞くこと」の目標は「ゆっくりはっきりと話された際に、自分のことや身の回りの物を表す簡単な語句を聞き取るようにする」（文部科学省、2018a、p.19）となっており、「〜できる」とは明示されていない。中学年では週1回の英語授業となるため、英語を聞くこと・話すことの能力を身に付けることはそのねらいには当然なっていない。

　高学年では週2時間の外国語の授業が導入されるが、これではたして英語は身に付くのだろうか。平成29年度の中学3年生約6万人を対象にした英語学力調査によると、文部科学省が設定した目標（中学校卒業段階で英検3級程度以上）に達している割合は、調査対象者のうちわずか半分程度である（文部科学省、2017）。英語のスキル養成の面から学習指導要領を見てみよう。高学年の外国語科では知識・技能として「『読むこと』『書くこと』に慣れ親しみ、『聞くこと』『読むこと』『話すこと』『書くこと』による実際のコミュニケーションにおいて活用できる基礎的な技能を身に付けるようにする」（文部科学省、2018a、p.65）のように、英語の基礎的知識・技能（スキル）を身に付けることを求めている。この点は、外国語に慣れ親しむ外国語活動とは大きな違いである。

　ただ、読み書きに関しては、初めて高学年で始まるので、慣れ親しむことが必要で、それも音声で十分慣れ親しんだ簡単な語句や表現を読んだり、書いたりすることを求めている。中学

年で週1時間、高学年で週2時間英語の学習をしたとしても、英語スキルの習得はかなり困難であると言ってよい。あくまで、中学校英語科教育への橋渡しであり、コミュニケーションを図ろうとする態度やごく初歩的な英語を聞いたり・話したりするような英語のスキルを身に付けばよいとしている。読み書きに関しては、あくまで慣れ親しむことが中心であり、そのスキルの習得を期待すべきではない。結局、英語のスキルの習得は、小学校の英語教育ではきわめて困難ということになる。

　小学校英語教育に対する第3点目の反対意見は、指導者に関するものである。いったい誰が指導するのかという問題である。2008年版、2018年版両方の学習指導要領には、学級担任または外国語活動（外国語科）を担当する教師が指導計画を立て、ALTなどを活用するとなっている。しかし、実際はALTが授業計画・実施をし、学級担任はほぼ授業をお任せするというケースが多く見られた。その大きな原因は、学級担任が自分の英語力そのものに自信がなく、英語を児童にどのように教えたらよいかについても分からなく、結果として、ALT等へ依存せざるを得ないことにある。

　文部科学省では、国として中央研修を行っているが、日本全国の小学校教員全員を対象としたものではない。個々の小学校教員の研修は各自の勤務校の校内研修や個々の教員自身に委ねられている場合が多い。学級担任は、自分の英語力を向上させ、英語指導法の研修を受ける必要性を感じてはいるものの、日々の学校業務に追われ、教材研究も含め十分に時間が取れない状況が続いている。英語力が十分ではなく、指導法の研修も十分受けていない学級担任が授業を行う場合、わかりやすい英語の授業を行うことは困難である。歌と、チャンツと、ゲームに終始するような、いわば遊びのような英語の授業が展開されているという批判もある。

　小学校の英語授業は、英語を聞いたり、話したりする活動が中心ゆえ、指導者には、英語の発音の仕組みなどに関してある程度知識が必要で、片言でよいので簡単な英語運用能力と英語でコミュニケーションしようとする意欲も必要である。そうでないと英語に自信がないから、ALTにお任せの授業となってしまう。特に英語が苦手な学級担任には、英語運用の正確性にこだわらず、ジェスチャーも交えて何とかコミュニケーションをしてみようとする態度を身に付けてもらうための研修が必要である。この点に関して、国の対応は十分とは言えない。

　第4点目の小学校英語教育必修化の反対の意見は、小学校教員に多大な負担を与えるというものであった。プログラミング教育の導入、道徳の教科化、そして英語教育の必修化と、小学校教員に与える負担は相当に大きい。学校教育は、時代の流れに沿って対応しなくてはならないが、学校教員に求められる仕事の量がきわめて多いことも事実である。英語の授業のための、教材研究、教材準備、学習指導案作成、ALTとの打ち合わせなど、どれひとつをとっても時間と英語力を要する。従来の国語、算数、社会等の教科を教えつつ、新しい科目の英語、あるいは外国語活動を教えるのは相当な負担を教員に与えている。

　最近、メディア等で日本人の働き方改革と言われているが、学校教育現場ではなかなか仕事の負担軽減が図られないという矛盾がある。特に、英語が苦手な教員にとっては、なおさらそうである。

　第5点目は、小学校英語の教科化は、教員のみならず児童に負担を与えるというものである。新たな教科を学校の教育課程の中に導入することで、児童が学ぶ情報・スキルが増えることになり、さらに授業時数確保がかなり困難であるという意見である。これに鑑み、2011年、小学校英語教育は外国語活動として導入されたが、この当時、英語の教科化は時期尚早ということで見送られた。しかし、ある一定の成果が上がったということで、2020年度の小学校英語の教科化が決定された。授業時間の確保に関しては、10〜15分の学習時間を積み重ねるようなモジュール学習等を含めた教育課程の作成が求められている。指導要領では授業時間の確保について、以下のように述べられている。

　　児童や学校・地域の実態を踏まえ、朝の時間、昼休み前後の時間、放課後の時間などを活用した、10分から15分の短時間学習の実施、45分と15分を組み合わせた60分授業の実施、さらには長期休業期間の調整や土曜日を活用した授業の実施等により、教育課程内の外国語科の授業時数を確保するなど、…
　　　　　　　　　　　　　　　　　　　　　　　　　　　　　　　　　　（文部科学省、2018a、p.124）

　例えば、茨城県水戸市は英語特区として、2004年度（平成16年）から高学年では週2時間の英語授業を確保しており、長期休業の短縮により、授業時間の確保に対応している。県外の他の市町村では、月1回土曜日の授業をしているところもある。授業時間は確保されたが、児童への負担は確かに増えていることは否定できない。

　第6点目は、早期英語教育の助長である。英語教育の低年齢化および教科化により、英語教室、英語塾へ通う児童が増える傾向が強くなるのは否定できない。英語特区である水戸市のある公立中学生1年生158名を対象にした調査であるが、過半数以上が小学校時代の時、英語教室へ通っており、また、約1割程度が小学校就学以前から英語教室へ通い始めていると報告している（猪井、2015）。中学年からの英語教育の必修化で、保護者の間に英語教育熱が一層高まる懸念はある。

　小学校英語教育導入には、これまでさまざまな賛成意見ならびに反対意見・慎重意見が述べられてきたということを理解することは、小学校英語教育に携わっていく上で大切である。教員免許法の改訂により、2019年度大学入学者からは小学校教員免許状には外国語の指導法に関する科目の単位取得が必修とされた。これから小学校教員免許状取得を目指す学生諸君には、英語苦手意識を払拭し、自らの英語運用能力および指導法の習得に励んでいただきたい。英語が苦手な現職小学校教員も含めて、英語運用や英語発音の正確さにこだわらず、とにかく、

児童とともに英語でコミュニケーションしようとする学習者モデルを目指していただきたい。

　そして、外国語として英語だけを身に付ければ、このグローバル化された国際社会で対応できるような尊大な態度ではなく、他の外国語にも敬意を払うような謙虚な態度で英語教育に臨んでいただきたい。

考えてみよう・やってみよう

（4）　小学校英語教育の反対意見の１つに英語優先主義（英語優越主義）という考えがあるが、このことをどのように考えるか。これまで、英語優先主義を感じたような経験はあるだろうか、話し合ってみよう。

（猪井　新一）

第4章　子どもの発達と第二言語習得

　本章で学習すること
・ことばを学ぶこと
・第二言語習得の関連理論
・学校で学ぶこととやる気
・母語の役割

　子どもの言語学習を考える際に、ことばとは何か、言語習得とは何か、また、言語習得に関わる要因などを見ておく必要がある。ここでは簡単にそのような点について考える。

1. ことばを学ぶこと、使う目的って何

　言語を学ぶということはいったいどういうことだろう。言語は語彙と文法からできているから、言語を学ぶことはそれを覚えることだと思うだろうか。これは言語を学ぶこと自体が目的となる考え方である。別の見方がある。我々が言語を使用する際には、通常なんらかの目的がある。その目的を達成するために効率が良いから言語を学ぶという考えである。この考え方では、言語はコミュニケーションを合理的に成立させるための道具であり、そのために学ぶ副産物である。我々の生活では、母語でも外国語でも「言語」自体が使用の目的になることは多くない。何らかの目的があり、それを達成するために使用するのが言語である。

　この考え方は実は外国語指導者にとって非常に重要だ。授業を計画する際に「言語習得」が最優先ではないことを知っていると、自ずと授業は変わってくる。「英語の授業なのに言語習得を優先目標にしないって、どういうこと？」とみなさんは思うかもしれない。しかし、その矛盾こそが言語学習の真実なのである。つまり英語の授業では「言語習得」は副産物であり、何らかの日常的（あるいは学術的）課題の解決を授業内の活動として行うのが理想である。なぜなら、言語使用自体を目的とすると、自ずと学習活動はつまらなくなる。その理由としては、言語自体に興味を持つ人が少ないことが考えられる。しかし、何らかの目的を達成するために言語を使用するということになると、俄然その目的達成に興味がわく。それは、伝えられるメッセージや意味・内容にこそ我々は強い関心があり、それが実際の言語使用を反映しているからである。しかし、これはあくまでも理想であり、教師は授業の中で言語自体に対しても児童の注意を向ける必要がある。

　では実際、言語は何のために使用するのか。大きく分けて2つある。1つは社会関係（social

relationship）の維持であり、もう一つはなんらかの取引や職務上・学術上（transaction[1]）の使用である。我々が毎日する雑談や挨拶が前者であり、後者は買い物や仕事、学校での知識・情報などの交換に必要な実利的な目的の使いかたのことである。子どもだと「あそび」も重要な言語使用の理由になる。あそびはちょうど 2 つの目的の中間に位置するものかもしれない。あそびは、子ども同士の関係づくりにも貢献するが、ままごとなどは社会に出たり大人になるための練習であったり、言語練習であったり、単なるまねだったり、さまざまな役割が考えられるからである。

2.　言語習得の関連理論

（1）　子どもの言語習得と発達

　子どもが言語を学ぶときは、さまざまな認知発達も同時に起きている[2]。幼児期から、小学校にかけて起きる子どもの認知発達は、大きく分けて記憶や注意力、論理性などの認知面の発達、社会性の発達、自己のアイデンティティの確立などがあり、このいずれにも言語は深く関わる。例えば、論理的な思考などは言語がなくては困難であるのは明白だろう。記憶にも言語は大きくかかわる。言語が十分に発達していないと、当然記憶もあいまいになる。これは、人間が記憶をする際に、言語化を通して解釈しているからと考えられる。このような認知プロセスにおいて、母語が 1 つのような多くの日本人にとっては、発達段階では日本語が関わるしかない。ところが、世界的にはモノリンガル（一言語話者）は少数派なので、この認知発達に一つ以上の言語が関わることになる人も多数いる。言語習得を考えたとき、このような認知発達のプロセスと言語の依存関係の視点は切り離すことはできない。

　この点から考えると、子ども（幼児を含んで）は低学年であれば、記憶や論理思考などを要求される活動は当然困難であり、友人たちとの遊びを通した学びが得意である。高学年から中学生になればより高い認知力を要求される学習も好むようになる。またアイデンティティの面では、別の言語が使える自分は、母語の自分とは違うアイデンティティを持って、異なる社会性や注意力・記憶力を持つ可能性がある。これは、外国語として学ぶ場合も実は一緒であり、別の外国語を話す自分は母語の自分とは別のアイデンティティを確立する必要があると考えられている。このようなことを考えると指導者としては以下の点を考える必要がある。

　　・言語活動が児童の認知発達のレベルに合致しているか。興味を持てるような内容か。適切
　　　なレベルのチャレンジを与えているか。

　　・授業はもとより、教室、学校として児童同士の社会性を育むような指導ができているか。

---

[1]　Yule（1985）は interactional function と transactional function という用語を用いてそれぞれの目的について言及している。

[2]　認知発達と言語発達の関係については Pinter（2011）などを参考にしている。

・お互いが協働することで、達成できるような課題を英語を超えて計画しているか。

・児童に自己肯定感の高まるようなアイデンティティを別言語でも確立できるようにしているか。言い換えると、自信をつけてあげているか。

（2）臨界期仮説（CPH: Critical Period Hypothesis）と学習開始年齢

　子どもの第二言語習得を考えるときに、おそらく最も知られている仮説は臨界期仮説と呼ばれるものである[3]。脳には8歳から11歳ぐらいまでに完了する可塑性というものがある。可塑性は脳のシナプスがまだ増え続け、脳の特定部位の機能が固定されない状態のことを指す。この可塑性が終わる時期を臨界期と呼ぶ[4]。この仮説が主張するのは、この時期が終わってから言語学習を開始すると、母語話者のレベルの言語力に到達する可能性がなくなるという点である。これに関しては多数の研究がなされ、基本的に「強い」仮説は否定されている。つまり臨界期を過ぎても母語話者にかなり近くなることは可能であるという。もちろんこれは条件（質の高い、多量の言語接触など）が整えばの話である。日本のような外国語学習環境の場合、「ネイティブ・スピーカーみたいになる」ことは目標にならないので、このこと自体は重大な示唆にはならないが、遅く学習を始めた学習者にとっては励みにはなるかもしれない。

　臨界期仮説に関連する仮説として、臨界期を終えると「学習が困難になる」と「学習プロセスが質的に異なる」という2つがある。前者については、筆記が要求されるような学習や文法では当然、高い認知力が要求されるので開始年齢の遅い学習者が有利であるとされる。つまり、認知発達に伴い、学習開始が遅い学習者はさまざまな認知能力（論理性や意図的な記憶）を学習に使用することは当然である。早期に学習開始した子どもは、そのような意図的学習の使用は発達段階上、当然制限されている。結局、学習開始が遅いことで学習が困難になるかどうかは、はっきりしていない。意図的な学習を、自然に学ぶのと比べて大変と考えるかどうかは議論の余地がある。一方、発音については早期学習開始者が有利である点は研究でも明らかになっている。

　学習プロセスに関しては、SLA（Second Language Acqusition、第二言語習得）研究では文法項目の習得順序は開始年齢や母語にかかわらず一定の普遍性があると考えられてきた。例えば、冠詞（*the, a*）や三人称単数現在の *-s* などは学習者の母語にかかわらず習得されるのが遅いということがわかっている。しかし、異なる研究結果も最近は多く出されており決着はついていない。おそらく、真実はその中間であり、一定の普遍性（母語が何であれ同じ）と一定

---

[3] CPH については Hyltenstam & Abrahamsson（2003）が歴史的経緯を詳細に示している。関連仮説については Singleton（2003）を参照。

[4] 最近の研究では可塑性はこれで実際には終了せず、幼少期ほどではないが死ぬまで一定の可塑性は維持できるとされている。この事実も強い CPH が成り立たないことを支持するといえる。

の多様性（母語や開始年齢による影響がある）が習得順序には混在していると考えられる。最近の脳科学の研究では脳内の言語処理の位置が、年齢によっても異なるという結果もある。

　では、外国語学習を早く開始する利点は、現在何が考えられるだろうか。それは異文化、言語に対しての興味や肯定的態度を養う点であり、そういう意味で小学校から外国語学習を始める意義は大きいと考えられる（第3章1参照）。純粋に「言語」のみの習得を考えた場合、日本のような時間数が少なく集中的でないカリキュラムで小学校段階で学習を始める利点はほとんどないと考えたほうが賢明だろう（下記、3参照）。

（3）　第二言語習得の認知理論

　第二言語習得（SLA）という学問分野がある。第二言語の習得のプロセスの解明を目指す学問であり、日本のような外国語の学習も広義のSLAとして扱われる。もちろん外国語として言語を学習する場合（日本人が英語を学習するような場合）と第二言語として学習する場合（例えば、日本にいる外国人が日本語を学習する場合）ではさまざまな相違点があるので注意が必要である。SLAの理論は多くあるが、ここでは主要な認知理論として知られるインタラクション・アプローチ（Interaction Approach）[5] を紹介する。この考え方では第二言語習得に必須の要素を以下の4つとして挙げている。

　・インプット（input）
　・やり取り（interaction）
　・アウトプット（output）
　・フィードバック（feedback）

　インプットは、言語との接触である。言語接触とは、対話相手をはじめ、本、雑誌、テレビ、映画、など言葉と触れるさまざまなメディアを指し、読む・聞く技能に関わるものである。やり取りは、相手とのことばのやり取りであり、実際に対面する場合と、電話やメールなど機械を媒介したやり取りがある。やり取りは4技能すべてに関わる。アウトプットは言語の産出であり、話す・書く技能を使用する機会である。フィードバックは対話する相手からの反応であったり、助言であったりするものである。やり取りにおいて、相手が言っていることがわからなかった場合、聞き返したり、確認をしたりする。これを意味の交渉という。このような交渉やフィードバックを通して、学習者は自分の言語の足りないところに気付くとされる（noticing the gap と呼ばれる）。この気づきにはある程度の認知的余裕が必要である。認知的余裕というのは、注意力や記憶力の利用のことである。つまり余裕があれば、指摘された間違いに注意を向けたり、指摘を覚えていたりすることができる。学習の初期は当然そのような余

5　Interaction Approach のモデルに関しては Mackey & Polio（2009）と Gass & Mackey（2007）を参照のこと。

裕はない。

　1つ気を付けたいのは、上記の4つの要素は直列モデルではない。直列モデルとは電池の直列と同じで、最初の要素であるインプットから順番に次の要素に進むものである。そうではなく、それぞれの要素がお互いに関連しあって、複雑な情報の受け渡しが行われる。同時並行でこの4要素が言語の習得（主に文法・語彙の獲得）に関わると考えられている。このようなプロセスを通してでき上る、学習者の一時的な言語ルール・システム（文法力）を中間言語（interlanguage）と呼ぶ。中間言語はすべての学習者が個別に作り上げる自分なりの文法システムであり、学習を続ける限り更新され続ける。つまり学習者の誤りは学習者が作った中間言語であり、すべての学習者が通る道でもある。これが「誤りに寛容であれ」という由縁であり、むしろ誤りがなくては学習が進まないと考えるべきである。

考えてみよう・やってみよう

(1) 授業でのインプット量を増やすために教師はどのようなことができるだろうか。考えよう。

（4）技能習得としての第二言語習得

　言語習得を文法や語彙などの記号・知識（言語形式）の習得とする見方は根強いが、いわゆる話す・聞く・読む・書くなどはその形式を使用する「技能（skills）」である。とすれば、言語習得が技能習得でもあることは明白である。技能習得はスポーツや楽器演奏、自動車運転、料理などの習得に近いプロセスである。技能習得には、ご存知のようにまず時間がかかる。繰り返しの練習が必要であり、それによって誤りが減り、技能遂行スピードが上昇するとされる。当然、フィードバックは技能向上にも重要な役割を持っている。

　実際、現在の外国語教育分野での主流の言語観（コミュニケーション力の定義）はCEFR

（ヨーロッパ言語参照枠、資料 2 参照）の影響もありこのような技能を用いて言語活動ができるかどうかという見方である。だから教科書で挙げられている到達目標は「…ができる」という形で表記されている。いわゆる 1980 年代以降コミュニケーション能力と定義されていた要素（文法知識、社会言語知識、言語機能知識など）[6] はこのような技能を支える基礎的な力と考えられている。

　技能習得の理論モデル[7] の中で広く言語習得にも応用されているものがある。このモデルでは技能習得には 3 つの段階があるとしている。最初の段階は間違いも多く、ルールを一つひとつ確かめながらことばを使うような段階である。この段階では、技能は当然ゆっくりと遂行される。次の段階は徐々にスピードが上がっていき、間違いも減る。この段階では、使用する技能（ここではことば）がどの場面で使用したらよいかが徐々に身についていく。最後の段階は、技能遂行が自動化される。自動化とは、あまり考えることなく最善の選択肢（ことば）を即座に選べるということである。この段階では当然のことながら認知資源（記憶・注意）を使わずに済む（省エネ）ので、技能を遂行しながらもさまざまなところに注意を向けることができるようになる。

　ここで言えることは、言語は使うことを通して使うことができるようになることである。ルールだけわかっていても使わなければ、使えるようにはならない。技能の向上にはスポーツや楽器演奏と同じで、時間がかかる。その上達のプロセスでは多くの失敗は当たり前で、それが成長の糧になるということを忘れずにいたい。

（5）やり取り：構成主義・社会構成主義（Constructivism/Social constructivism）

　新学習指導要領でも強調される自立した学習者、協働的な学びの起源は、構成主義や社会構成主義[8] という考え方である。構成主義とは、子どもの学びはインプット（言語学習では接触する目標言語を指す）をもとに自分で作ることである。みなさんは自分で「知」を作るのは当たり前だと思うかもしれない。しかし構成主義以前では、知識を覚える、まねをすることが学びと捉えられていた。つまり古い考え方では学習者は受動的な役割しかなかった。構成主義では、子どもが自ら能動的に働きかけ、環境に関わり、問題解決などを通して自分で知を作るとしている。さらに社会構成主義では、特に他者とのやり取りを通して、学びが進んでいくと考えている。この考え方では、学習者が今より高いレベルに成長するには、教師・友人や道具などの助け（足場かけという）が必要で、その助けを通してより高いパフォーマンスができると

---

[6]　いわゆる Bachman & Palmer（2010）などによって提示されたモデルである。

[7]　この三段階の技能習得モデルは Anderson（1999）によるものである。

[8]　ピアジェ（構成主義）やヴィゴツキー（社会構成主義）の考え方は Cameron（2001）、Mooney（2000）などを参考にしている。

考える。つまり、学びはまず学習者が能動的に関わり自分で作ること。その学びの過程においては、周囲の人との関わりなくしては上達は難しいということである。

SLA 理論で、学習者同士、あるいは学習者と教師とのインタラクション（やり取り）がSLA にとって不可欠な条件であることは、この社会構成主義の考え方が教育学分野全般で広まった時期とほぼ重なるように、広く受け入れられた。つまり、やり取りなくしては、SLAは進まないと現在は考えられている[9]。

教室で起きるやり取りには、教師とのやり取りと同級生とのやり取りがある。教師とのやり取りは、クラスの大きさにより制限がある。教師との 1 対 1 のやり取りは、他の児童は見るだけになってしまい効率が悪い。しかし、有効なモデルやフィードバックという点で教師とのやり取りには意味がある。一方、児童同士のやり取りもさまざまな利点があり（やる気につながる、ことばあそびやことばの試しができる、フィードバックの機会が多くあるなど）、言語習得において重要な役割を担うと考えられている。

3. 学校で外国語を学ぶこととやる気

外国語学習環境（外国語として学ぶ場合）が第二言語学習環境（目標言語が公用語などで使用されている場合）と大きく違うのは、インプット、アウトプット、インタラクションの機会である。とりわけ、外国語学習では圧倒的にインプットの量が少なく、これが多くの外国語学習者にとって習得が難しい理由の一つである。第二言語学習環境では、求めずともそのような機会が教室外でも豊富にあるが、外国語学習環境では自ら求めなくては機会が得られない。つまり、教室外での接触機会（時間数）が圧倒的に少ないのだから、外国語学習環境では習得はなかなか進まない。小中高合わせて、日本では 1,000 時間程度の授業時間はあるが、英語と日本語の言語分類学的な距離は遠く、そのような言語の習得には近隣の言語（例えば韓国語）を学ぶ場合と比べると習得が難しく時間がかかるとされている。研究などをみると、言語分類学的距離が近い言語と比べると、おそらく倍近い時間が同じレベルに到達するのにかかる[10]。

また、現在の日本の学校教育のように週に数時間の水滴がポツリポツリと落ちるような英語カリキュラムでは（Drip-feed approach と呼ばれる、要はコーヒーのドリップである）、高いレベルに到達することが不可能なのは、すでに 80 年代にカナダの研究で指摘されている。つまり、学校教育で学習者をある程度のレベルに到達させるには、教室の外で自ら学ぼうとする意欲のある児童を育てることが必然となる。これを「自立した学習者」と呼ぶ。そのような態度を養う役割を教師が持ちうるという点で、普段の授業活動を通しての教師の態度の影響は大

---

[9]　児童同士のやり取りの SLA での役割は Philp, Adams, & Iwashita（2014）が参考になる。

[10]　学習時間数に関しては Jackson & Kaplan（1999）などを参照のこと。Drip-feed approach とカリキュラムについては Spada & Lightbown（1989）や Lightbown（2014）を参照のこと。

きいと言える。つまり日本のような環境では、英語の習得を成功させるのには自立した学習者になる、やる気を高める指導が鍵となる。

　やる気には大きくわけて内発的動機づけと外発的動機づけとがあると考えられている。内発的動機づけは自分が好きでやることを指す。他人には説明できないかもしれないが、誰でも好きなことがあり、好きだからやるものがあるだろう。これが内発的動機づけである。外発的動機づけは外部からやらされていることを指す。テストがあるから勉強をするとか、お金がもらえるからアルバイトをするというのがこれである。しかし外発的動機づけではじめたものが内発的なものに近づくことがある。学校での勉強はこの類である。学校の勉強の中で好きでない（やらされていた）科目に、徐々に興味を持つようになり進んで勉強するようになった経験はあるだろうか。このように、学習内容に関する興味は動機に大きい影響がある。また、そのことに対して価値を見いだすかどうか（例えば、どうしても進学したいからとか）もやる気に与える影響は大きい。そのほかにも、やる気に影響を与える要素はさまざまなものがあるが、自己決定理論という心理学の理論では、外発的動機づけを内発的なものに近づけるには以下の 3 つの要素が強く関わるとしている[11]。

1) 自己の能力（competence）自分がそれができる力をもっていると認識すること。自信のことである。

2) 自由度（autonomy）さまざまな決定権を自分が持っていること。例えば、学習方法、学習内容や学習時間の決定を自分で決めるということである。

3) 他者の関わり（relatedness）自分が安心してできるようなサポートを周りからもらえること。これは当然、教師、友人、家族などからである。

考えてみよう・やってみよう

(2) 教師としてどうしたら子どもの英語への興味を内的動機付けに近づけることができるか、具体的に考えでみよう。まず自分の経験を振り返り、徐々に興味を持つようになった科目を挙げてみよう。

---

[11] 自己決定理論については Ryan & Deci（2000; 2017）を参照のこと。

4. 母語の大切な役割

　英語教育ではモノリンガリズム（monolingualism）という考え方が長く支持されてきた。これは、外国語はその目標となる言語のみを使って教えたほうがよいという考え方である（つまり英語の指導は英語のみで）。筆者自身もであるが、この考えに疑いがなかった。なぜなら、上記のように SLA の最重要要因であるインプットを最大限に増やせるのがモノリンガリズムだからだ。ただでさえ外国語環境でインプットが少ないのだから、当然である。

　ところが最近になってこれを覆す考え方がでてきた。これが translanguaging（多言語混用）[12] と呼ばれるものである。簡単にいうと、自分の伝えたい意味を伝えるために複数の言語を利用することである。まず多言語社会ではこれが当たり前に行われるという事実がある。日本のような環境では理解は難しいかもしれないが、イメージはこんな感じだ。関東に長く住んでいて、普段は大阪弁を使わない大阪出身の人がいる。久しぶりに大阪の友人と話すと、話し始めは大阪弁と標準語のちゃんぽんになるという。多言語混用では、複数の言語がわかる者同士が、複数の言語でこれを行うのである。つまり、これが言語使用においてごく普通な現象であるなら、否定することはおかしいという考えである。

　次に第二言語・外国語の学習において、学習者が言いたいことがあるのに言えないから言わないのはおかしいという考え方である。たとえ母語を使ってでも、言いたいことが言える教室が理想なのはあたりまえだろう。英語で言えないから言わない、では学びは生じない。例えば、"I like tennis because tennis is *omoshiroi*（おもしろい）." と児童が言ったらどうだろう。教師はまず「おもしろい」って英語でなんて言うのか、他の児童に聞いてみるとよいだろう。もし誰もわからなかったら、導入して皆で練習してみたらよい。あるいはその時はそのまま、"Oh, you think tennis is interesting!" と教師が正しく言い換えて軽く流してもよい。何人かの児童は interesting ということばに気づくかもしれない。とても貴重な学びの場が生じることになる。そしてこのような使用を受け入れる教師の寛容さが、子どもたちの気持ちを安心させるのはいうまでもないだろう。

　最後に学習者の母語に対しての敬意を持つということも多言語混用の考え方が支持される理由である。モノリンガリズムの教室では学習者の母語は文字通り禁句である。使ってはいけないものだ。これではまるで、学習者の母語が悪いもののように思える。すべての言語に対して敬意を払う、それがこの考え方を支える理念の一つでもある。

　まとめると学習の初期の段階である小学校では、特に母語（外国人の児童がいるクラスでは日本語だけとは限らない）をうまく利用したい。そして学習者の母語に対して敬意を払いたい。なぜなら、児童の母語が何語であっても、目標言語と同様すべての言語はコミュニケー

---

[12]　モノリンガリズムの批判については Phillipson（1992）を参照。Translanguaging は直訳すると超言語使用ぐらいの意味になる。定義や意義については Garcia & Kleyn（2016）や Li（2018）を参照のこと。

ションの手段としては等価値だからである。さまざまな言語に対して受容的態度を教師自身が見せるべきであり、そうすることで子どもたちにもそのような考えが身につくはずである。特に学習初期において、ちゃんぽんは当たり前で、ちゃんぽんでも話す意欲を優先したい。

考えてみよう・やってみよう

(3) 小中高の英語授業での日本語の役割について思い出してみよう。教師は日本語を使っていただろうか。学習者としての皆さんは日本語を使うことは禁止されていただろうか。その時どう感じたか、日本語の役割について自分の英語授業での経験を共有してみよう。

（齋藤　英敏）

第5章　指導原則と指導計画

　本章で学習すること
・指導原則
・指導計画について
・単元計画について

1.　指 導 原 則

　小学生を対象に外国語（英語）を指導することは、大人を対象とした英語指導とは共通点もあれば、相違点もある。例えば、大人は、抽象的に物事を考えることに慣れているので、文法を中心に英語学習ができるが、小学低学年・中学年の児童を対象に、名詞、動詞という文法用語を駆使し、英語の文型について説明することなどは適していない（第4章参照）。小学生にとって英語は初めてふれる外国語であるから、認知的発達段階に応じた指導が必要となる。もちろん、大人の学習者を対象とした指導法と共通のものもある。このセクションでは、まず、小学中学年・高学年の児童に英語を指導することを想定して、その指導原則を見ていきたい。ここで扱う原則は以下の6点である。

　① 　聞くことが第一歩
　② 　意味（内容）"meaning" を優先する
　③ 　意味のある（目的のある）活動
　④ 　活動に変化をもたせる
　⑤ 　教えすぎない
　⑥ 　安心して学習できる雰囲気

（1）　聞くことが第一歩

　英語の授業ということで、指導者は児童に大きな声で、英語を話させたがる。Big voice, Eye contact、Gesture ということばがよく聞かれる。しかし、英語を口に出すことは、児童に相当な負荷がかかるということを理解すべきである。ましてや、クラスの皆の前で英語でスピーチをすることは、児童にとってはかなりの負担となる。もちろん、英語教室に通っている児童にとっては、学校の英語の授業中、英語を口に出すことは容易かもしれない。とういのは、学校の英語授業を受ける以前に、英語教室でそれなりに英語にふれているからである。

　第二言語習得理論に従うと、外国語を学び始めた学習者の特徴の一つとして、とりわけ幼い

子どもは、ただひたすら黙っているような沈黙の期間（silent period）を過ごすという（Ellis, 2008, p.73）。母語習得と同様に、沈黙している間、積極的に周囲のことばを聞いているのである。日本の小学生の児童にとっても、英語は初めてふれる外国語であるから、まずはたっぷり、わかりやすい英語を聞かせることが大事であり、授業中英語を話すことを急がせてはいけない。児童にとって英語を聞くことは、英語を話さなくても、大いに活動に参加しているといってよい。

　それでは、何を聞いたらよいのだろうか。最初は、場面（コンテクスト）の中で、短い単語や語句、そして文、そして複数の文（テクスト）と少しずつ聞く英語を長くして、段階を踏んだ方がよい。聞くと同時に、ジェスチャーを伴ったり、写真や実物等があると、何のことかが理解できる。例えば、クラスルーム・イングリッシュを使用する際に、'Stand up' という際に両手を下から上に移動させながら言うと、児童にわかりやすくなる。これを毎回の授業で実施していたら、日本語を使用しなくても児童は 'Stand up' は「立つこと」と認識をする。

　聞くことの初歩的活動には、'Simon says' ゲームがある。これは TPR（Total Physical Response：学習者は指導者の言うことを聞いて理解し、身体全体で反応する方法）を用いたゲームであるが、学習者は指導者の指示に身体で反応すればよく、英語を話す必要はまったくないため、聞くことの初歩的な活動としてふさわしい。この活動の進め方については、第7章に後述する。ポインティング・ゲームも指導者の英語の音声を聞いて、写真・実物などを指さしたり、さわったりする活動であり、英語を聞いて理解し、そして反応するので、'Simon says' ゲームと類似している。具体的な活動例は、第8章に、読む・書く活動の前段階の活動として記されている。

　このように、児童が英語を話さなくても参加できる活動があり、聞くことは、小学校英語授業の第一歩である。もちろん、英語を聞く活動は、児童が、ある程度その内容が理解できるように手立てをすることが大事である。学級担任が ALT に授業を任せてしまうと、児童は ALT の言う英語をいくら注意深く聞いても理解できないことが多々ある。ジェスチャー、写真、実物などは、理解を助ける補助手段として大切である。

（2）　意味（内容）'meaning' を優先する

　ことばには、母語であれ、外国語であれ、形式（form）と意味（meaning）がある。英語学習であれば、単語の発音練習をしたり、名詞の単数形・複数形の作り方や a/an, the の冠詞の使い方などの英文法の学習は、いずれも英語の形式についての学習である。一方、上述の 'Simon says' ゲームやポインティング・ゲームは英語を聞いて、その意味（meaning）を理解して身体で反応したり、指さしたりするので、意味中心の学習である。小学生の英語の授業は、発音や英語の綴りなどの形式の学習よりも、意味の学習を優先させた方がよい。なぜなら、

外国語を学びたての学習者は、もともと意味に着目する傾向があり、意味がよく表される内容語（例、名詞、動詞、形容詞など）に注意を払い、冠詞や三人称単数の‘-s/-es’など機能語にはあまり注意が行かない傾向にある（Brown & Larson-Hall, 2012, p.64）。それは、認知的にも、記憶の容量的にも、意味と形式の両方に対して同時に注意を払うことは、困難であるからである（Lightbown & Spada, 2013, p.108）。もちろん、小学校の英語の授業において、形式の学習をする必要はないということではない。そうではなく、発音練習等の形式学習を実施する時は、できるだけ、バリエーションをつけ、機械的にならないようにすることが大切である。

　Big voice、Eye contact、Smile などの話し方の特徴は相手に自分の言いたいことを伝えるためには大切である。しかし、よくよく考えてみると、これらは話し方であり、非言語的側面（non-verbal aspect）である。外国語を学びたての児童は、外国語を話す場合、自分の言いたいこと（内容・意味）に着目するのであって、話し方について気を使うような認知的余裕がない。Big voice、Eye contact、Smile などの話し方に、小学生の児童、とりわけ、3、4年生が英語を話す際は、あまり固執しない方がよい。英語を話すことに多少慣れてきた5、6年生なら、少しずつ話し方を指導するのはよいと思うが、あくまで限定的指導にとどめたい。話し方の指導より、まずは意味のあることばの伝達を優先したい。

（3）　意味のある（目的のある）活動をする

　意味のある活動とは、児童が英語表現の意味を理解したうえで行う活動、児童にとって身近なもの、あるいは児童の日々の生活に関連した内容を伴う活動である（Nation & Newton, 2009）。例えば、‘Where do you want to go?’‘I want to go to Italy.’のやり取りを指導する際に、ただ単に、‘Repeat after me.’とか、‘Repeat after Judy-sensei.’と児童に指示し、反復練習をさせるのは、児童にとってどれだけ「意味のある（目的のある）」活動であるか疑わしい。なぜなら、場面設定がまったくないからである。そのような状況の下で、疑問文および答え方の形式を反復練習で覚えさせようとすることは、児童にとってほぼ意味がなく、興味関心もわかないと言ってよい。

考えてみよう・やってみよう

(1)　どのような場面なら、‘Where do you want to go?’と言うのだろうか？　具体的な場面をグループで話し合ってみよう。できるだけ児童の立場に立ってみよう。

（４）活動に変化を持たせる

（３）と密接に関係するが、児童の興味・関心を引くために、形式に着目する活動は、単調にならないようにする。例えば、職業の名前の発音練習をする場合は、ただ単に、ALTなどの指導者の言う発音を機械的に反復練習するだけでは、飽きてしまうので、変化を持たせる。簡単な方法は、チャンツで発音練習をする。‘teacher’という単語を練習する場合、‘teacher, teacher, teacher, teacher, teacher’とチャンツで、リズミカルに練習する。あるいは、寝ている赤ん坊を起こさないように、ひそひそ声で反復練習をする、発音するスピードを変えるなど、反復練習に変化をもたせる。しかし、変化をもたせながら発音練習などの形式に着目する練習をするにしても、限定的とし、意味を優先させる活動をすることが大切である。変化を持たせるにしても、１つの活動を長時間行おうとはせず、次の活動へ移った方がよい。１時間の授業単位では、４～５つ程度の活動があった方がよい。

（５）教えすぎない

週１、２回程度の英語の授業で、多くの言語項目を同時に扱おうとしないことである。それは、児童の認知容量上の問題がある。Nation & Newton（2009、p.21）は‘learn a little, use a lot’という原則を提唱している。準備したものを、あるいは教材（テキスト）の中に出てくる表現や単語を、全部児童に教えようとしないことである。次のような６年生を対象とした『英語ノート２』のLesson 6‘I want to go to Italy’を扱った授業を見学したことがある。ALTがT1（first teacher、主指導者）、学級担任がT2（second teacher、副指導者）であった。当時は週当たり英語の授業は１時間、つまり、わずか45分である。この授業で扱った英単語は、次のような国の名前10数個である（Germany, UK, Brazil, Russia, South Korea, China, etc.）。

次に、世界遺産を表す表現（the Great Wall, Kiyomizu Temple, the Statue of Liberty, the

Pyramids など）を発音練習した。その方法は、ただひたすら ALT の後に続いて反復練習する方法である。会話で扱った表現は、'Where do you want to go?' 'I want to go to Japan. I want to see a soccer game. I want to eat *sushi*. I want to play baseball. I want to buy T-shirts. I want to climb Mt. Fuji.' である。このような ALT と HRT のやり取りに従って、児童は相手と対話することを求められていた。'want to 〜' 後に続く動詞は、'go, see, eat, play, buy, climb' の6つが導入された。これを1時間の授業で扱うことは、児童の理解をはるかに超えているように見えた。この場合、例えば、扱っても、多くとも2つ程度の動詞にしたほうがよい。2つでも、ある児童にとっては多い可能性がある。'Where do you want to go?' の質問をし、'I want to go to Hiroshima/Nagasaki/Kyoto.' のように答えるだけで、精一杯な児童が多くいることを認識しておきたい。

（6） 安心して学習できる雰囲気

　これは、英語学習に限ったことではない。国語であれ、音楽の授業であれ、安心して学習できる雰囲気は、基本的な原則である。とりわけ、外国語学習は、「できないこと」「間違うこと」が普通であり、よくあることであるから、児童が互いを認め合い、助け合うような雰囲気作りが大切である。児童が間違ったことを言っても、'Nice try' といって安心させるような指導者でありたい。また、児童を指名する際も、くじ引きで決めるようなことは、児童に不安を与えてしまうので避けたい（第4章参照）。

考えてみよう・やってみよう

(2) これまでの経験で、英語の授業に限らず、安心できなかった授業とは具体的にどのような授業だったか。

(3) 児童が安心して英語学習をするためには、上記以外で学級担任はどのようにしたらよいだろうか。

　以上6つの指導原則に沿って、小学校英語の授業を計画・実施することで、児童に英語授業の理解を促進し、「英語がわかった」「英語の授業は楽しい」という満足感を児童に与え、また、「英語ができた」「英語が通じた」という成功体験をも与えることが可能となる。

2．指導計画作成

　中学年の外国語活動、高学年の外国語科の目標は、それぞれ学習指導要領に明示されているが、それを具体的にどのように実現していくのかが、指導計画である。確かに、日々の授業に忙殺され、明日の授業をいったいどのようにしたらよいかに気が奪われてしまうが、外国語を通してどのような児童を育てていくかという視点はとても重要である。目標具現化のために、年間指導計画があり、さらに単元計画があり、単元を構成している1時間1時間の授業がある。学習指導要領には、外国語活動、外国語科とも2学年間を通じて、児童の発達段階と実情を踏まえながら目標の実現を図るようにする、体験的な言語活動をする、他教科と結びつける、日本の文化などについても関心を高めるようにとの留意点が述べられている（文部科学省、2018a、pp.41-49; pp.121-129）。

　年間指導計画を構成する要素は、①1年間で児童につけさせたい力（目標）、②具体的な指導内容、③主な活動、④評価の観点とその評価方法などがある（文部科学省、2009c、p.21）。ただ、児童を相手に、実際の授業を計画・実施したことがまったくない段階で、年間指導計画をあれこれ考えることは具体性がなく、実感が伴わない。よって、便宜的に、単元計画、そしてその単元を構成している1時間1時間の授業計画から指導計画を考えてみたい。

　この単元計画を立てるのは、基本的には学級担任である。学校によっては、学年の外国語（外国語活動）担当の教師が担当することがあるが、児童の実態に応じて計画を立てる必要がある。ALTと相談しながら単元計画を立てることもあるが、お任せにするのは避けたい。

（1）単元計画

　まずは単元の最後で、どのようなコミュニケーション活動をし、その活動は具体的にどのような目標を持っているかを考える。

1）外国語活動の例

　『Let's Try! 1』のUnit 3 'How many?' の単元を取り上げる。3年生向けの単元である。
①　この単元の最後にどのようなコミュニケーション活動（目標・課題）をするか、それぞれの指導者が考える。学年で共通の活動にしてもよい。
　（例）好きな漢字一文字を選び、なぜその漢字が好きなのかについて、互いに伝え合う。

②　そのコミュニケーション活動の目標は何か。評価の観点及び評価方法は？

・好きな漢字を伝え合う活動を通して、児童が積極的に友達とコミュニケーションをしようとする態度を育てる。【「思考力、判断力、表現力等」「学びに向かう力、人間性」】《観察、ワークシート》

・友達の新たな面を発見する。【「学びに向かう力、人間性」】《振り返りカード》

・英語の数字の数え方に慣れ親しむ。【知識・技能】《観察、振り返りカード》

・英語と日本語では、数の数え方が違うことに気付かせる。【知識・技能】《観察、振り返りカード》

③　単元構成

1時間目

・リスニング活動を通し、どこの国の数え方であるかを考えさせる。（付属デジタル教材利用）

・身の回りの物（ペンケースの中身、服のポケットやボタンなど）の数を数えてみる。

・歌 'Ten Steps' を活用し、1〜10の英語の数え方に慣れ親しむ。

2時間目

・歌 'Ten Steps' を活用し、1〜10の英語の数え方に慣れ親しむ。

・教室の中にある物（例えば、机、いす等）を利用し、1〜20を英語で数えてみる。

・パワーポイントで、動物の画像を示し、何匹いるか数えてみる。2種類の動物をいくつも一度に示し、どちらのほうが多いかを推測させて数える。

3時間目

・CDを聞いて、聞こえた数字を順に線で結ぶ。（1〜20を扱う）

・数字ビンゴゲームをする。（第7章参照）

・数字ピラミッドゲームをする。（第7章参照）

4時間目

・グループになって、自分の数字を言って相手の数字を言うゲームをする。（第7章を参照）

・「13を言ったら負け」ゲームをする。（第7章参照）

・ワークシート（表5-1）に自分の好きな漢字1文字を書いてみる。何画であるか、数字を書く。選んだ理由は日本語で書いておく。

・インタビュー活動をする。

A: Hi!

B: Hi! what kanji（do you like）？

A: I like（好きな漢字）

B: How many?

A:（画数）

B: Why（do you like it）？

A:（好きな理由）［日本語でよい］

B: Name, please.

A:［名前を書く］

B: Thank you.

表 5-1　漢字活動ワークシート

	インタビューした人の名前	漢字	すきな理由
1			
2			
3			
4			
5			
6			
7			
8			

すきな漢字　　何画　　すきな理由

考えてみよう・やってみよう

（4）この漢字を利用した活動を通して気づいたことを書いてみよう。

２）外国語科の例

『We Can! 2』Unit 8，'What do you want to be?' の単元。6年生向けである。

　ここでは、便宜上、5時間の単元構成としている。実際の指導では、もっと多くの活動の種類があり、単元構成時間がより多いことが想定される。

①　この単元の最後にどのようなコミュニケーション活動（目標・課題）をするか。

　　・将来就きたい職業について、クラスメートと尋ねたり答えたりする。

　　・将来の夢について、グループまたは、みんなの前でスピーチをする。

②　そのコミュニケーション活動の目標は何か。評価の観点及び評価方法は？

　　・将来の職業の話題についてクラスメートと交流することで、積極的にコミュニケーションをしようとする態度を育てる。【「思考力、判断力、表現力等」「学びに向かう力、人間性等」】《観察、ワークシート、振り返りカード》

　　・クラスメートの新しい面を知り、新たな学びがある。【「学びに向かう力、人間性等」】《振り返りカード》

　　・職業を表すいろいろな英語表現に慣れ親しむ。【知識・技能】《観察、振り返りカード》

③　単元構成

1時間目

　　・ジェスチャー・クイズ（さまざまな職業）

　　・キーワード・ゲーム（第7章参照）

　　・ポインティング・ゲーム（『We Can! 2』、p.58、p.59を開き、英語を聞いて、指さす。

　　・チャンツ 'What do you want to be?'

　　　　What, what, what do you want to be?

　　　　Baker, baker, baker, baker, baker

2時間目

　　・チャンツ 'What do you want to be?' What, what, what do you want to be?

Teacher, teacher, teacher, teacher, teacher

・職業の名前の復習（ビンゴゲーム）

・Let's Watch and Think 2、映像をみて、登場人物の夢について分かったことを書く。

（『We Can! 2』、文部科学省、2018f、p.60）

・ミッシングゲーム（第 7 章参照）

3 時間目

・チャンツ　'What do you want to be?'　What, what, what do you want to be?

Zoo keeper, zoo keeper, zoo keeper

Fire fighter, fire fighter, fire fighter

・伝言ゲーム　'What do you want to be?'　'I want to be a dentist/singer/vet.'

・インタビューゲーム　'What do you want to be?'　'I want to be a dentist/singer/vet.'

　（ペア、グループ）自分の将来の夢を考える。

4 時間目

・チャンツ　'What do you want to be?'　What, what, what do you want to be?

・スピーチモデルを聞いて、名前、何になりたいか、好きなものを聞き取る。

> Hello.
> My name is <u>Suzuki Sakura</u>.
> I want to be a <u>vet</u>.
> I like <u>cats and dogs</u>.
> Thank you.

・スピーチ作成。モデルをプリントで提示し、モデルを見ながら自分の場合を書いてみる。

◎ここでは、便宜上、四線は付いていないが、四線のあるワークシートが望ましい。

・スピーチの練習をする。（ペア、グループ）

5 時間目

・グループ内でスピーチを発表してみる。

・グループメンバー以外の人と、互いにスピーチを言う練習をする。4 人程度。その人が何になりたいか、メモを取る。

・数人の児童にクラスの皆の前で、スピーチをしてもらう。

　強制はせず、'Any volunteers?' と言って、発表者を募る。

・振り返り活動

◎この単元に5時間を当てたが、児童の実態に応じて、時間数、活動内容を調整する。

◎英語を話すこと、特にみんなの前で話すことは、児童に相当な負担感を与えるので、発表者をくじ引きで決めることなどは、絶対にしないこと。

（猪井　新一）

第6章　学びにつながる評価

本章で学習すること

・評価の基本的な考え方

・形成的評価と総括的評価の実際

・成績判定での考慮

・評価の質を高める

本章では外国語科（英語科）の授業で児童を評価する際に考えること、そして実行すべきことについて考えてみよう。目的は、評価を学びにつなぐことである。

1．評価の基本的な考え方

（1）評価の目的は学びである

「評価（assessment）」と聞いて何を思い浮かべるだろうか。「成績をつけること」ではないだろうか。日本語の「評価」ということばは数値（5段階評価とか）などによる価値判断を含意している。しかし、教室での評価は「情報収集」という大きいの意味で使われており、価値判断を伴う必然性はまったくない。つまり評価の基本は児童の学習状況のデータ収集であり、何らかの「判定」や「数値化」は教師の裁量である。集めた情報は次の指導の計画や改善に使うなど、正式な判定を伴う必要はない。

結局、評価は成績をつけるためではない。成績は評価する目的の中でも、重要な1つではあるが、最も重要なものではない。一番重要なのは学びを目的とする評価である。評価は学びを推進するための道具に過ぎない。これは評価と指導の一体化と教師側の視点からは呼ばれる。しかし、むしろ評価と学びの一体化であると考えたい。なぜなら、教師は学習プロセスの主役ではないのでからである。

もう一点、評価で誤解されている点は、評価は教師が行うものという点である。評価は児童自身が行ってよい。評価に児童が参加するのは、それが学びに直結するからである。つまり学

表6-1　教室での評価の伝統的な考え方と現在の考え方

	伝統的な考え方	現在の考え方
評価の中心目的	成績の数値化と付与	学習、やる気や授業の改善
評価者	教師のみ	教師、学習者本人、友だち

びの道具として自己評価・相互評価は利用できる（後述）。実際は、利用できるどころか学び
を進めるためには必須であると言っておく。まとめると表6-1のようになる。

（2）評価は逆向きに設計する

　評価を考えるとき、まず最終的に児童のどんな姿が見たいかを思い浮かべてみるといい。そ
れは学年の終わり、学期の終わり、単元の終わりに「こんな力を身につけてほしい」という理
想の姿である。これはコースの目標（学習指導要領や教科書に依存する）が通常記述している
ようなもので、もちろんそれを参考にしてもよい。でも自分の目の前の児童をよくわかってい
るのは、教師自身である。あくまで参考は参考で、子どもたちを見て自分なりの目標を立てた
い、あるいは教科書などが示しているものを修正したい。

　次に考えるのは最終目標の課題（以下、目標課題）である。目標課題は、年度の最後だけで
なく学期の終わり、単元の終わりなどの区切りでの大きめの課題を指す。この目標課題はその
児童の理想の姿が見えるような課題である。まず学習指導要領の外国語科に挙げられている次
のような目標を見てみよう。

　話すこと［発表］

> 自分のことについて、伝えようとする内容を整理した上で、簡単な語句や基本的な表現を用い
> て話すことができるようにする。　　　　　　　　　　　　　　（文部科学省、2018a、p.80）

　つまり、これが最終的に身につけてほしい目標とする力である。次にこれができるかどうか
を見るための最終課題をどうしたらよいだろうか。親切なことに学習指導要領はこのための活
動も示してくれている。

> 簡単な語句や基本的な表現を用いて、自分の趣味や得意なことなどを含めた自己紹介をする活
> 動。　　　　　　　　　　　　　　　　　　　　　　　　　　（文部科学省、2018a、p.109）

　このような活動を通して、身につけてほしい力がついているかどうかを確認するのは異論は
ないだろう。さてここまで決まって、最後にどんな授業を展開するかと考える。このように、
1）目標の設定、2）最終課題の設定、3）授業案の決定、という順番で指導の流れを設計する
ことを逆向き設計（Backward Design）[1] と呼ぶ。

考えてみよう・やってみよう

（1）自己紹介活動ができるようになるためにどのような授業が提案できるだろうか、簡単に考

---

[1]　逆向き設計は Wiggins & McTighe（1998）の提案による。

えてみよう（ヒントは最終課題ができるようになるための道筋を立てること）。

　なぜ逆向きと呼ばれるのか。それは、かつてテストや最終課題は、授業を進めながらコースの終わり頃に教師が考えたからである。つまり、伝統的な授業設計では最終目標が明確でないまま、授業が進められていたことになる。まず3）の授業案から始まっていたのである。だから学期の終わり頃に職員室から聞こえる教師のつぶやきは、「えーとこれ教えてないから、テストには出せないな」であった。逆向き設計では最初に目標となる最終課題（テスト）を計画してあり、それに向かって毎授業をデザインしていく。つまり、こういうつぶやきはあり得ないのである。

（3）　形成的評価は評価の中心である

　さて前段で示した自己紹介という最終課題を遂行するために、どんな授業を計画したらよいであろうか。1回の授業の練習で発表ができるようになるだろうか。まず不可能だろう。数回の授業を通して徐々にできることを増やしていき、繰り返し練習をさせてあげて、フィードバックを繰り返すことがまず基本である。十分な練習ののち、自信がついたら最終課題の開始である。ここでのカギは自信をつけること、練習を見てあげることである。例えば帯活動（短時間、複数の授業を横断し継続的に行う活動）として設定することも含め5回分の授業で次の

表6-2　目標達成のための活動計画と評価方法

時	児童の行うこと（主に帯的活動として設定）	評価方法
1	教師が提示した目標課題、評価基準、良いモデルを確認する ペアやグループで得意なことや好きなことをいう練習をする（復習）	自由観察（教師） 自己評価
2	ペアやグループで一通り自己紹介を5、6文で言ってみる練習（時間があればカタカナでメモを書いてみる）	自由観察（教師） 相互評価 自己評価
3	ペアやグループで一通り自己紹介を5、6文で言ってみる練習（前回よりスムーズに言えるため、メモを見ないで言えるための練習）	計画観察（教師） 相互評価 自己評価
4	ペアやグループで本番のつもりでリハーサルをする	計画観察（教師） 相互評価
5	自己紹介の発表を全員の前でする	総括的評価（教師） 自己評価 相互評価

ように計画するのはどうだろうか（表6-2参照）。各回の発表練習時間は、授業の他の活動時間（他の活動は表では省略してある）とのバランスもあるので、簡単には決められないが、第1から3時までは最低でも10分は必要であり、第4時のリハーサルも15分は必要だろう。第1から4時までは適宜ペアやグループ（2から4名ぐらい）で行い、第5時で全体の前で行うとする。

　表6-2の最後にある総括的評価（学びを総括するの意味）は到達度を見るために行う。通常は成績の一部を担うことになる。これはもちろん習ったことを見るべきである。ここでは逆向き設計をしているので、習ったことを見ているので問題ない。総括的評価の内容については、次のセクションに示す。

　表6-2では第5時の総括的評価以外は、すべて形成的評価（学びを形成するの意味）である。これは観察・自己評価・相互評価のことである。形成的評価が重要な理由は、その名の通り学びを形作るものであるからである。教師による観察、自己による振り返り、友だちによるコメントなど複数回のフィードバックの機会を通して、各々のパフォーマンスを目標に近づける。それが形成的評価の役割である。一点、気をつけてほしいのは総括的評価は継続して行われる授業活動・形成的評価の延長上に設定されるということである。表6-2の形成的評価は基本的に次のような形式である。

① 教師による観察（自由観察（準備なし））

　遅れ気味の児童を中心に、広く浅く見てまわる。目標課題に関する指示が通っているかを確認するとともに、どのような指示がさらに必要であるか、児童共通の弱点などを確認して、さらに指導を重ねる。通常第1、2時で行いたい。

② 教師による観察（計画観察（準備あり））

　評価基準を持ちながら（もちろん実際につけたりしてもよい）、なるべく1人ひとりを長くみる。全員が繰り返し練習をしているところを順番に聞いてあげて、全員にフィードバックを返すことを目標とする。ALTを含めた2、3人の教員で協力して行いたい。特に遅れ気味の児童は複数回観てあげることを保証したい。第3時、4時で行いたい。

③ 児童による自己評価

　数値などで表記させるとわかりやすい場合もあるが、基本は自分の振り返りコメントだけでよい。よくできたと思うこと、もっと練習が必要なところについて書いてみる。友だちからもらったフィードバックについてコメントしてもよい。

④ 児童による相互評価

　友だちによる評価。評価といっても当然、数値などで提示するのではなく、コメントによるものがよい。一番のおすすめは付箋に色違いで「よかった点（stars）」と「もっとよくなる点（wishes）」を1枚ずつ友だちに書いてあげるという指示である。その際、ヒントと

して観点を提示してあげるとよい。これについては、前もって教師用のルーブリック（評価表、後述）を示しておけば観点がわかる。形成的評価と呼ばれるものには他にも、ポートフォリオ（継続的な代表作品集）、学習相談（面談）、宿題、小テストなどさまざまな方法があるので、それらも授業でうまく利用したい。なお、後述するがこの第1時から4時までは「育成を目指す力」（第1章）の3点①知識および技能、②思考力、判断力、表現力等、③学びに向かう力、人間性等のいずれも見ることができる。

2. 読むこと・書くことの評価

新学習指導要領（2018a）では4技能5領域（第1章参照）の基礎を身につけるとされているが、小学校での英語指導の大半は聞く・話すである。つまり聞く・話すを評価することが最も大事であることは疑いようがない。しかし、読む・書くことも外国語（英語）科では指導することになっており、身につける（慣れ親しむ）力として指定されている。ということは、それも学び、評価する必要がある。

小学校段階では筆記テストはすべきでないとキッパリ言う。アルファベットの認識や単語レベルの筆記はそれ自体、あまり意味を持たない単純な記憶活動だからである（もちろん第8章で紹介しているような意味のある活動を授業では行いたい）。このような記憶は英語力の基礎となる能力として極めて重要ではあるが、記憶力をテストとして成績に加味することは英語嫌いを増やすだけである。つまり、暗記する力を成績に加味するということは、暗記力を重要な英語能力として教師が位置付けていると児童は理解する。暗記の不得意な児童にとっては絶望である。ではどうしたらよいか。アルファベットや簡単な単語の読み書きはドリルとして、計算・漢字と同等に扱う。毎月あるいは2か月に1回など小テストを行い、全員合格まで何度でも受けさせてあげる。全員合格が目標なので、暗記な不得意な子でも何度もチャンスがもらえて、合格点がつくようにする。このような実践が英語嫌いを防ぐのに役立つと考える。

それ以外にも、簡単な授業活動や宿題で書けるかどうかの確認を形成的に行ってあげることは大切である。聞いて文字を指したり、文字を見て言うなど（ポインティング・ゲームなど第8章参照）、の活動は30人以上いたら、全員のできを教師1人あるいは2人が観察することは1回の授業では難しいかもしれない。しかし、数回の授業を通して確認したり、相互評価を利用して、ペアやグループで確認しあったり、自己申告させたりして確認することは可能である。繰り返すが、アルファベット文字などは1回きりの筆記試験で出すべきではない。何度も再試可能な小テストや形成的評価を通して、全員が合格したことを確認すればよいのである。教室での評価の目標は、できる子とできない子を弁別することではない[2]。全員合格を見届け

---

[2]　弁別（discrimination）は専門用語で、要するに点数によって児童をグループ分けすることである。

ることである。

3. 話すこと・聞くことの総括的評価

　形成的評価が最も大事であるといっても、総括的評価は成績を決定する最重要項目であるので、児童や保護者の感情に対するインパクトは相当大きい。よって、総括的評価は十分な計画や慎重な遂行が必要になる。特に小学校での英語学習を初めたばかりの段階では、次のような5点が重視されるべきである[3]。

・評価観点は少なくする

　　児童にとって、評価をわかりやすくすること。観点の数や基準になるレベルの数などが多いとわかりにくい。英語を使うだけ、聞くだけでも大変なのに、それ以上のことに注意を払う余裕はあまりないと考えたほうがよい。

・励ましたり、褒めたりして「自分はできる」と思わせる

　　児童のやる気を継続させるためにも、「できる」と思わせることは重要である。そのためには、励ましや褒めが有効である。褒めはパフォーマンスについて具体的に述べること。いい加減な褒めは児童も気がつくので要注意である。

・さまざまなサポートをテストに組み込む

　　児童が安心してできる環境のためにも、足場かけ（scaffolding）とも呼ばれるサポートをすること。例えば、日本語での指示や、困っていたら質問を繰り返してあげる、話すスピードを遅くするなどである。また、出だしの言葉を言ってあげたり、途中で終わっている文を続けてあげたりなど、もちろんしてよい。基本は、最後までできた気持ちにさせてあげること。

・全員合格を基本とする

　　最低評価の児童を出さないようにしたい。これは基準を甘くするというより、総括的評価前に十分な練習をさせてあげて、十分なフィードバックを返すという点と、児童の現在の能力によっては前述のようなさまざまなサポートや複数のパフォーマンス機会を与えるなどするということである。

・親しい人がテストする

　　当然であるが、担任やよく知っている ALT がパフォーマンス試験を遂行すること。知らない人が行えば、緊張感がいっそう高まる。

　話すこと（発表・やり取り）と聞くこと、は小学校段階ではいわゆる「思考力、判断力、表現力等」の領域に含まれる（第1章）。以下にいくつか、テストのヒントを挙げる。

---

[3]　考慮すべき事項については、McKay（2006）、Ostroff（2012）などを参考にしている。

（1）　リスニング・テストは内容理解度を確認する

　小学校段階で筆記試験を行うとしたら、リスニングだけである。リスニングでみたいのは、まとまった内容の理解度である。これは授業の延長でテストできる。児童は教師と ALT の会話を聞いたり、教師の音読を聞いて、聞いた内容の理解度を書いてしめす。回答方法は日本語で書いてもいいし、日本語の選択肢でもよい。第7章の聞く活動を参考にしていただきたい。リスニング・テストで重要なのは、状況に関する情報を十分に聞く前に与えることである。どのような状況で交わされた発話かという情報が不足すると、理解が困難になる場合がある。また、この段階では少なくとも2回は聞く機会を与えるようにする。

（2）　話すこと（やり取り）はQ&A（インタビュー型）テストを利用する

　話すこと（やり取り）では、インタビュー・テストが利用できる。これも十分な練習やリハーサルを授業でする。一対一のインタビューは緊張感もあるだろう。特に相手が ALT であったりすると、いっそうの緊張が予想される。授業での十分な練習機会を確保しておき、テスト内容について児童の理解を確認しておきたい。

　インタビュー試験の基本の形は次のとおりである[4]。

・ウォーム・アップ

　　試験がはじまる前に受験者をリラックスさせる。試験自体とは関係のない雑談でよく、子どもたちが慣れている授業の初めのあいさつでもよい。例えば以下のようなものである。

　　T: How are you this morning?

　　T: What's your breakfast this morning?

　　T: How's the weather?

　　T: Did you like today's lunch?

・メインの質問

　　試験のメインとなる質問をする段階である。上述のように、さまざまなサポートをしてあげて、なんとか完了できるようにしてあげることが大切である。例えば、『We Can! 2』Unit 5 の 'My Summer Vacation' では次のような質問をすることができる。

　　T: Let's begin.

　　T: Where did you go during the summer vacation?

---

[4]　インタビュー試験の基本形は FSI（米国外務職員局）が作った OPI（oral proficiency interview）という広く現在でも使われているものを参考にしている。なお、インタビューはいわゆる児童同士・生徒同士のやり取りとは質的に異なると研究では示されている。そのようなやり取りの力を見るには、教師のインタビューとは違うペアやグループテストを設定する必要がある。

T: What did you do?

T: What food did you eat?

T: Did you enjoy it?

・ワインド・ダウン

　試験を収束させる段階である。簡単なあいさつであったり、雑談をしてもよい。

T: That's all for today. What are you going to do after this?

T: Thanks for your time. You can go back to your room now. Bye bye.

　実際の評価表やフィードバックは下記にあげるスピーチの評価に準じた簡素なものを利用すると良い。簡単なものの方が使いやすく、児童にもわかりやすいからである。

（3）話すこと（発表）はグループ・パフォーマンスやスピーチをルーブリックで評価する

　話すこと（発表）の総括的評価は、まず基準の共有をする。これは児童に見せるものであるので、ポジティブな言葉で書くようにする。前もって児童と共有する理由は、どのような観点で評価されるかを児童が知ることで、その点に気をつけてパフォーマンスをすることになるからである。実際の評価項目は表6-3のように、評価項目（ここでは発表力）は1つで十分であろう。それ以外に良い点・練習してもらいたい点はチェックリスト（いいね！・次こそは！）で挙げておく。コメントはこのリストを基に書いてよい。コメントは、具体的に褒めることを中心にして、アドバイスもあげよう。表6-3はルーブリック（観点に基づいて、パフォーマンスの質をレベルごとに記述しているもの[5]）、チェックリスト（気をつけたい事項をリストした

表6-3 ハイブリッド評価表の例（教師用）

	発表力	先生から		
Exemplary （模範例）	適切な言葉と態度で、みんなによく伝わるような内容の発表ができる			
Developing （成長中）	サポートをもらったりしながら、みんながわかる内容の発表ができる			
Emerging （発芽中）	もっと練習をすれば内容が伝わるように発表できるようになる			
	そのほかのポイント	いいね！	次こそは！	おうちのひとから
	内容のおもしろさ	☐	☐	
	アイコンタクト	☐	☐	
	声の大きさ	☐	☐	
	文の正しさ	☐	☐	
	発音	☐	☐	
	笑顔	☐	☐	

5　ルーブリック作成の考慮すべき点は Brookhart（2013）を参考にしている。

もの）、コメントを混在させているのでハイブリッド評価と呼んでおく。

　実際にはこの表6-3で挙げているチェックリスト部分は6つも項目があり、児童にとっては多すぎると思われる。教師が利用するのは良いが、児童にとっては1回の活動で1つ、2つのポイントに絞っておいたほうが英語力、認知容量を考えると現実的である（第4章参照）。また、このような大きな評価表を自己評価や相互評価で利用することは勧めない。前述のように小学校段階ではコメントによる自己評価や相互評価が、認知的にも英語力的にも適当である。表6-3の発表力の記述内容は汎用性が高くなるようにしている。つまり、さまざまな発表活動にほとんど内容を変更せずに使用が可能である。活動によって、発表力のルーブリック部分は変更しなくても、チェックリストの内容を減らしたり、変更して利用可能であろう。

　小学校での振り返りシート例（自己評価用レーティング・スケール[6]）を表6-4にあげておく。これは発表用のものではないが、使えないこともない。発表には上述のように付箋コメントを勧める。表6-4の項目はコメントと3つの規準点にしぼったものである。このシートの項目も一般的な記述で汎用性が高いものにしてある。時折、「友達と協力して、アルファベットの大文字と小文字を組み合わせることができた」など、その日の授業の目標をそのまま使用した振り返りシートも見かける。このような特定の規準を利用すると、汎用性が低いので毎授業、活動が異なるたびに作り直す必要がある。もちろんそれが悪いわけではないが、「今日の目標の＿＿が達成できた」などとして、下線部に目標を児童に書かせれば、作り直す必要は

表6-4　自己評価用ふりかえりシート

外国語ふり返りシート		Wow!!	Nice	Wink
1	学んだことを理解して、実際に使うことができた	😆	😊	😉
2	英語を使って積極的に活動に取り組むことができた	😆	😊	😉
3	友だちと協力して活動に取り組むことができた	😆	😊	😉

おどろいたこと、発見したこと、もっと知りたいこと、などを書こう

6　レーティング・スケールはレベルが数値などで示されていて、パフォーマンスの質の記述がないものを指す。

なくなる（なお、特定規準を採用した例は図7-30にある）。

考えてみよう・やってみよう

(2) 表6-3のチェックリスト部分、「いいね！・次こそは！」に挙げられている項目以外に児童に気をつけてもらいたい点があるか、友達と考えてみよう。

4. 成績判定で考慮すべきこと

　成績判定する際、新学習指導要領の外国語科で規定される3つの柱、「育成を目指す力」（第1章参照）のうち最初の2つ（①知識および技能、②思考力、判断力、表現力等）は、さまざまな言語活動を設定してそこでの到達度を見ていくことになる。しかし前述の通り、①の一部である知識（英語の特徴・きまり）は筆記テストを行うのではなく、再試可能な小テストや普段の活動・宿題などを通して、全員が書ける・読めるようになっていることを確認できればよい。②に関してはリスニング・テスト、インタビュー、発表など総括的評価になる活動を設定したり、授業活動での計画観察をしたりして、評価を行う。①はもちろんこのような活動でも見られるので、ここでも評価できるが、パフォーマンスを見て評価する際に①②を分けて評定をつけることは現実的ではない。それを行うにはあまりにパフォーマンスで話される絶対量が少ないのである。

　最後の「育成を目指す力」③学びに向かう力、人間性等は、実際の授業内での練習などを通して計画観察で見るものである。ここで見ることは、参加しよう、練習しようとしている意欲や態度であり、実際のパフォーマンスのできとは関係ないことに注意したい。もちろん大半の児童には問題がないので、自動的に合格点がつくだろう。この点に関して一人ひとりをしっかり見ていく必要はあまりないはずである。例えば、大阪教育大附属平野小学校では興味関心（楽しむ、積極性、発言、集中力、繰り返し）、人間関係（協力、教え合う、認める）など、この③に関連する項目を8つ挙げているが、8項目それぞれについて個人個人を見ていくことは現実的ではない。もちろん、この観点は観察する際の参考にはなる[7]。また、宿題や振り返りも

---

[7] 大阪教育大附属平野小学校の評価規準例は島崎・本田（2010）を参照。

③を見ることに利用できる。

　この③を評価する際、問題となるのはやる気のない、参加しようとしない児童である。このような児童はすぐ目に入る。当然、教師として介入をして、改善を求める。改善が見えれば、認めてあげること。見られなければ、何度も介入し、待つこと。根本原因を探すのは容易ではないかもしれないが、本人と話し合うことが解決には早いかもしれない。いずれにしても、寛容に改善を待つことが肝要である。成績は罰にしないで、やる気を促す道具にしたい。

　一方 3、4 年生で行われる外国語活動では、記述欄でのコメントによる評価のみとなる。しかし、上述のような形成的評価やルーブリックの観点を参考にして、個々の児童の学びの進捗状況を見極めるための観察を継続的に進める必要がある。そうしないと、学期末にコメントを書くことができなくて困ってしまう。

5. 教室でのテストの質を高める

（1）　妥当性・信頼性・実用性を考える

　評価というと妥当性・信頼性という言葉がよく同時に使われる。いずれも商業用大規模テストの質の維持を目的として、使用される語として広まったものである。大規模テストの場合、テストの質の維持が最大の目的であるから、測りたいものを正確に測れているかが最重要事項になる。教室でのテストにもこの言葉は応用されたりしているが、教室でのテストの場合、最大の目的が学びであるので最も大事な妥当性検討事項は、「学びにつながっているか」という点である。それはもちろん「指導したことがテストされているか」という点と重なる。テストが学びにつながっているかどうかを確かめるのは容易ではないが、指導したことがテストされているかどうかは、同僚や児童自身に確かめることができる。実際、逆向き設計をしていればこれを心配する必要はないが、児童との目標の共有とテストのための練習、そして練習時のフィードバックは妥当な評価を遂行するための重要事項なのは明白である。

　教室でのテスト妥当性で考えたいもう一点は波及効果である。波及効果とはテストが児童の学習に与える影響である。もちろん良い影響があるかどうかという点である。影響は試験前と試験後にある。試験前の影響は試験のための勉強が望ましい勉強かという点である。小学校では聞く・話す活動が中心になり、無理な暗記や文法問題などが出る心配はないので、試験前の勉強の影響はあまり心配がないかもしれない。試験後の影響は、まず次の学習につながる情報が供給されているかという点が重要である。フィードバックはパフォーマンス向上のための助言がまず必須となる。

　そして、もう 1 つはやる気に関わる問題である。悪い成績をもらって、奮起すればよいが、そのような児童ばかりではないのは想像できるだろう。また、前述の通り（第 4 章参照）、小学校段階での英語教育は自信をつけさせることが、優先リストの最上位にある。フィードバッ

クはかならず勇気づける、やる気を促すコメントでありたい。繰り返すが、練習機会は必須で再チャンスを与えることは望ましい。まとめると、教室での評価は、目標の共有、指導（評価データの収集・解釈・判断）、振り返り（フィードバック）がきちんとリンクされて、それが学びにつながっていれば、妥当といってよい[8]。

　信頼性は評価の一貫性のことを指す。まず考えたいことは、パフォーマンス評価での評価者（教師）の個人内の一貫性である。評価者内の一貫性とは、同じレベルの児童には同じ成績をつけているかということである。他の教科ができたり、リーダーシップがあるという理由で特定の児童によい成績をつけたりしていないか。昨日と今日と同じ基準でつけられているか。教師はパフォーマンスだけを見て、一貫してつける必要がある。特にパフォーマンスの評価は主観評価と言われるように、しっかりとルーブリックの基準を理解してつける必要がある。もちろん２名でつければ、より客観性が担保できるが、この際も基準の確認は重要である。実際に２名でつけることはなかなか難しいだろうが、ALT などと一緒に採点することは（評価者間）信頼性の確保だけでなく、教師自身の学びのためにも望ましい。

　もう一点、実用性という言葉がある。実行可能性ということである。実際の授業内・外でテストに使う時間や遂行するための人員、コストなどを考えて実行できるかどうかという点である。これはもちろん、授業計画を含めて、十分な検討が必要である。

（２）　配慮が必要な児童の評価は公正さを確保する

　最後に、多様性時代の到来に必要な評価の検討事項について言及する。総括的評価のパフォーマンス・テスト（話す・書く）および筆記テスト（リスニング・テストや上述の全員合格のための読む・書く小テスト）は成績判定の手段である。その際には公平・公正さを考慮したい。公平さと公正さは異なる意味を持つ。公平というのは全員が同じ扱いを受けるということで、重要な基本的考え方である。公正さはそうではなく、配慮の必要な人が必要に応じたサポートを受けるという意味である。

　では、配慮の必要な人は誰かという点だが、障がいを持っていたり、英語を母語とせず、日本語もままならない外国籍の児童などであることに異論はないだろう。それ以外にも、家庭の事情などで総じて勉強が遅れがちな児童もこの範疇に入ると考えるべきである。このような児童たちには、可能な限り活動によっては異なる目標（より到達可能なもの）を提示し達成感を味わわせることを考えたい。その場合評価の基準も異なるように設定するべきである。これは当然ダブル・スタンダードになるわけであるが、決して配慮を要しない子どもより良い成績を

8　妥当性の考え方、評価サイクルは Brookhart & Nitko（2008）、Davison & Leung（2009）、Rea-Dickins（2001）、Wiliam（2011）などを参考にして Saito（2016）で提示したもの。

つけるということではない。そうではなく、配慮を要しない子どもたちとは異なる基準で、合格をさせる配慮をしたい。

　これは要するにパラリンピックでのメダルと同じ考え方である。自分たちのアリーナで自分たちができる形で競技に参加し、メダルを取るということである。すべての子どもの学ぶ意欲を最優先と考えるのであれば、この点はぜひ検討してもらいたい。

　評価は自分（教師）に戻ってくる。児童のできが悪いのは児童のせいだけではない。共同責任なのである。児童の成績が悪かったら自分の指導を振り返るべきである。児童の成績は実は教師の成績でもあることも決して忘れないようにしたい。

考えてみよう・やってみよう

（3）小中高大での自分が受けた教員による評価（テストでも最終成績でも）でおかしいと思ったことを友達と共有してみよう。

（4）どうしたら、それが解決できるのかを考えてみよう。

（齋藤　英敏）

第7章　聞く・話す活動

本章で学習すること
・聞く・話す活動のあり方や基本的な心構え
・聞く・話す活動への慣れ親しませ方（外国語活動向き）
・聞く・話す活動の展開の仕方（外国語科向き）

1．聞く活動のあり方や心構え

3、4年生を対象とした外国語活動は、聞くこと・話すことを取り入れた活動が中心であり、英語で話すためには、繰り返し児童に英語を聞かせることが大切である。

新学習指導要領の外国語活動の「聞くこと」の目標には、ゆっくりはっきりと話された際に身近で簡単な事柄に関する語句や基本的な表現の意味が分かり、アルファベット文字の名称の読み方も聞き取れることが求められている。初めて英語にふれるという児童の発達段階を踏まえ、児童に英語を聞かせる意識をもって児童が聞き取れるような速さで、はっきりとした分かりやすい声で話すことがポイントである。その際児童の英語を聞く機会を奪ってしまわないように、活動手順を説明する際にも教師の日本語の使用は効果的に使用するだけにとどめるように心掛けたい。

活動を始める前には、教師が設定した課題を提示し、児童が聞く目的をもって取り組めるようにする。そのためには、できる限り説明は簡潔にジェスチャーを交えて行い、パワーポイントのスライドに活動の流れやルール等を提示し、それらをヒントに児童が理解できるように準備する。児童が英語表現を聞いて理解できていない場合は、できればすぐに日本語で訳すのではなく、繰り返し聞かせたり、手ぶりや具体物を使って推測させたりしながら意味を理解できるようにしていく。聞く活動では、自分のことや身の回りの物を表す簡単な語句をイラストや写真、実物などと線で結び付けたり指で押さえたりするなど、児童の指し示す行動をしっかりと見取り、聞き取れたことを評価する。このように、英語を聞くことに不安を感じないように徐々に慣れていく配慮をし、英語で聞き取れたという成功体験を積み重ねていくことで自信につなげ、意欲を向上させる活動を考えることが重要である。

5、6年生を対象とした外国語科では、新学習指導要領の「聞くこと」に関する目標に、値段や時刻、学校生活や家庭生活など日常生活に関する身近で簡単な事柄について、具体的な情報を聞き取ったり、短い話の概要を捉えることができるように求められている。中学年で取り組んできた言語活動を踏まえ、高学年では「できるようにする」段階に至らせることが目標と

なっている。本目標を達成させるためには、中学年で示したポイントに加え、目的・場面・状況を理解させた上で、情報や概要を聞き取るためには何を聞き取る必要があるかを児童に判断させるなどの指導も重要である。また、聞き取る内容に関係のあるイラストや写真を手がかりに選ばせるなど容易な段階から始め、聞いて分かったという達成感を味わったりできるようにすることも肝要である。

2. 話す活動のあり方や心構え

新学習指導要領の外国語活動の「話すこと」の目標には、自分や相手のことおよび身の回りの物に関する事柄について、簡単な語句や基本的な表現を用いて動作を交えながら伝え合ったり、サポートを受けて質問をしたり質問に答えたり、実物などを見せながら話したりすることが求められている。

やり取りについては、友達や教師、日頃から接している ALT 等、知っている人とやり取りすることで、安心してコミュニケーションが図れる環境を作ることが大切である。

発表内容については段階を踏んで、数や形状という事実や自分の感情や気持ちという主観的なこと、日常生活に関する身近で簡単な事柄について自分の考えや気持ちを話すことになる。児童の発達段階や興味・関心に沿ったテーマの設定、指導者のモデルの提示など、児童が活動のイメージをもてるような工夫が必要である。十分に準備時間を確保し、似たような活動を繰り返し行うことで、少しずつ自信をもって発表できるようになる。また、実物やイラスト、写真などを見せながらの Show and Tell 形式の発表は、内容を推測させる手掛かりとなるため、聞く側も発表内容を理解しやすくなり、人前での発表における不安を少しでも軽減できる可能性がある。このように物を活用したり、動作を交えながら段階を踏んで話す練習を繰り返したりして、少しずつ人前で発表できるようにしていくことが大切である。

新学習指導要領の外国語科の「話すこと」の目標には、基本的な表現を用いて指示、依頼をしたり、日常生活に関する身近で簡単な事柄について、自分の考えや気持ちなどを、簡単な語句や基本的な表現を用いて伝え合ったり、その場で質問をしたり質問に答えたりして伝え合い、内容を整理した上で、話すことができるように求められている。

「話すこと（発表）」に関して外国語活動では、人前で実物などを見せながら発表することであったが、外国語科では相手意識をもって聞き手にわかりやすく伝わるように、伝えたいことを整理して話すことが求められている。例えば、学校生活や地域に関することなど身近で簡単な事柄についても、自分の気持ちをただ伝えるのではなく、聞き手にわかりやすく整理して話すことを目指している。具体的には、自己紹介等で趣味や得意なことなど、伝えたい内容が複数ある時に、何を話すかを選び、話す内容の順番を決め、整理して話すことが求められている。発表するための準備や練習をさせることを踏まえると、発音やイントネーションなどの音

声指導を行うことも望ましい。目標を達成させる上で話を整理させる時間をとり、優先順位を決めさせることなども必要であろう。

　次に今後の課題である話すこと（やり取り）の要点をまとめておく。小学校5学年および6学年外国語科の話すこと（やり取り）には、「自分や相手のことおよび身の回りの物に関する事柄」や「簡単な語句や基本的な表現」というように、ある程度限定された範囲内での即興性であるため、「その場で」という言葉が使われており、中学校の「即興的に」とは違うことに注意したい。ここでは、児童がやり取りを行いやすくするための10個の要点を紹介する。

① 　目的・場面・状況に応じたトピックを選別する

　児童が話したくなるトピックを選ぶことが重要である。日本語で考えてみても同様であるが、相手の話を聞きたくなる内容や、自分のことを伝えたくなる内容が望ましい。日常生活の中でクラスの友達と教室で朝食について話した経験と留学生がホームステイをしにきている場面を比較して、どのような目的で友達の朝食の内容を聞くかを考えてほしい。目的や場面や状況があって初めて話をする意義が生まれる。例えば、休日にクラスメイトと一緒に水戸駅に遊びに行き、ランチの場所を相談する際に何が食べたい気分なのかや、食べ物の好き嫌いがあるかなどを聞き合う場面設定にすれば、'What do you want for lunch?' 'What do you want to have for lunch?' や 'What would you like to have for lunch?' が現実味のある表現になる。ビュッフェレストランのメニュー表を見せて、「何が好き？」などの会話も日常生活においてはありえるだろう。他にもお腹が痛くて病院で診察を受けている場面で、'What did you eat yesterday?' も考えられる。

② 　目的を持たせる

　児童1人ひとりが持っている情報が違うような活動を用意する。相手意識や目的意識をもったコミュニケーションを、体感できる必然性のある活動が行われるような場を教室に作る。

③ 　児童を巻き込んで教師がモデルを示す

　児童同士が練習する前に、教師が児童に使用させたい表現（既習表現）が繰り返し出現する会話の例を数名の児童と実演する。その後、児童同士のモデリングを実演してもらう。この2ステップのモデリングにより、児童は何をしたらよいかが容易に理解できる。

④ 　想起させる時間をとる

　どのような語句や表現を使うと自分の考えや事実を相手に伝えることができるかなどを考えたり、対話を継続させるために事実の情報だけでなく、理由を表現したりすることができるように、「想起させる」時間をとることが大切である。つまり、自分の言いたい内容があって初めて会話のキャッチボールが始まるのである。

⑤ 　成功体験を積み重ねる場にする

　活動が難しくならないように、動作や表情を加え、教師やALT、ペアの相手やグループ

のサポートを受けながら英語で質疑応答ができたという成功体験を積み重ねるようにする。

⑥　リアクションを意識する

　「うなずき、驚き、繰り返し、応答」の順に、容易にできそうな所から順番に相手の発話に反応する練習をする。例えば、最初の「うなずき」の段階では、笑顔で相手の目を見ながら発話内容を聞き、多少おおげさでも構わないので聞いていることをアピールするジェスチャー（頭を上下に振る）、目を丸くしたり、瞬きしたりと、とにかく顔の表情や動作で反応を示すことが大切である。'Uh-huh.' などの相槌を多少入れるだけでも、何も反応を示さないよりは相手を意識した反応になる。その後「驚き」の段階では、'Oh.' や 'Wow.' をジェスチャーつきで入れ繰り返す。「応答」の段階では、'Me, too.' や 'That's great.' などと同意する。このように、工夫して自分のリアクションを相手に示すことで、会話のキャッチボールが続きやすくなる。

⑦　相手の発話内容を繰り返す

　リアクションの1つであるが、相手の言った内容をそのままリピートする。一文そのままリピートするのが難しい場合は、キーワードになる単語を繰り返すだけでもよい。リアクションやリピートをすることは、聞き手の興味や関心を態度で示していることになり、話し手にとっても自分の英語が相手に伝わっていると感じることになり、良い雰囲気が生まれる。

⑧　聞き手の質問力を育てる

　聞き手が話し手に質問できるように指導する。'Why?', 'Do you like 〜?', 'Can you?' など、児童が音声で十分慣れ親しんでいる疑問文を必ず1回は会話の練習中に使用できるようにし、相互のコミュニケーションを意識させる。練習を重ねるうちに、質問する回数を増やしていき、聞き手が疑問文を活用できるようにすることが肝要である。発表の場面でも、発表を聞いて終わりではなく、必ず聴衆（教師を含む）から1つは質問することを習慣化するとよい。

⑨　その場でやり取りする機会を用意する

　言いたいことが言えなかったり、つまったりするもどかしさを小学校英語の段階から体験させていくことが大切である。これまでの中学校や高校の話す活動では、即興的な英語の発話の機会が少なく、原稿や話す内容を準備してから行うことが多かったと思われる。しかし、それでは、急に即興で話すことに不安を感じてしまう可能性がある。すべて準備させてからやり取りするだけでは、現実世界の会話の場面と異なっている。これは小学校英語の段階から意識すべき課題である。しっかりと準備した後の発話には、児童は安心するかもしれないが、中学校や高校で即興的にやり取りや発表を行う場面に出会った時、即興恐怖症や原稿依存症を生み出してしまう可能性がある。これは、児童や生徒だけに限ったことではな

く、指導する教師側も即興でのスピーキング指導を定期的に行っていない傾向があることが報告されている（小林、2020）。これは、中学校教員の少ない人数を対象とした調査であり、過度な一般化はできないが、全国的にみても同様の傾向があるかもしれない。まずはその場でやり取りする状況を設定し、言いたかったことが言えなかった経験をさせ、その後にいろいろな表現に十分に慣れ親しんでから発表や、やり取り等を行う。見るべきスクリプトを手元に存在させない状況で練習を行うことも重要である。

⑩　機会の継続性

　最初は難しく思うかもしれないが、「その場で」のやり取りを繰り返し行うことで、慣れさせることも大切である。小学校で英語に触れる最初の段階から「その場で」話す練習の機会に慣れ親しみ、中・高で即興的なやり取りに順応できるような指導を行い続けることに努めたい。

（小林　翔）

3．外国語活動（中学年）向けの具体的な聞く・話す活動例

まず、3、4年生を対象とした外国語活動向けの具体的な聞く・話すことの活動例を取り上げる。一部は5、6年生向きの活動例も含まれている。

（1）　初歩的な聞く活動

①　Simon says ゲーム

・内容：このゲームは、指導者が 'Simon' という王様になり、'Simon says' と言って、指示をしたときは、それに従うが、それ以外の時は無視をするというゲームである。できるだけ、ジェスチャーをしたり、体の部位をさわるような内容から始めるとよい。児童が、いわゆる、お手付きをしたとしても、罰を与えるようなことはしないで、続けてゲームに参加させる

・準備物：特になし。

・ねらい：英語を聞くことに慣れ親しませ、身体で反応させる。

・進め方：指導者はジェスチャーをしながら、英語を言う。

　（以下、T: Teacher、 S: Student と表示する）

　T: Simon says, 'Stand up.'

　　　Simon says, 'Sit down.'

　　　Simon says, 'Touch your hand/leg/arm/head/nose/ear/cheek/knee/tummy/ankle.'

　　　（時折、'Simon says' と言わない）

　この活動で使えそうな表現の典型的なものは以下のようなものがある。

      Put your right hand up/down.

      Turn around（three times）.

      Stomp your feet.

      Jump.

      Walk around the classroom.

      Shake hands with a classmate.

      Clap your hands two times.

      Wink.

◎慣れてきたら、英語を言うスピードを速める。

② 　ポィンティング・ゲーム

　・内容：紙面や写真の絵の中にある（隠れている）アルファベット文字、動物、数字などを指し示す活動。

　・準備物：写真、絵など。

　・ねらい：英語を聞いて指さす活動を通して、英語に慣れ親しませる。

　・進め方：第8章（3-⑥）を参照。

考えてみよう・やってみよう

(1) グループに分かれて、順番で指導者役になり、'Simon says' ゲームをやってみよう。やってみて、感じたことを話し合ってまとめなさい。

（2） 数字を扱った活動

① 　グループに分かれる活動

　・内容：教師の言う数字を聞いて、グループに分かれ、できたグループから腰を下ろす。

　・準備物：特になし。

　・ねらい：数字の導入および、数字を聞いて慣れ親しませる。

　・進め方：

　　T: Everyone. Stand up. Are you ready? Please get into groups of 2.（黒板に数字2を書く）

（児童がペアで座ったことを確認する）

Good. Stand up. Please get into groups of 3.（黒板に数字3を書く）

（クラスの人数によって適宜、数字を替える）

Please get into groups of 5/6/8/10.

◎数字を板書しながら進めたほうが、分かりやすい。

② 円になって数字を言う活動

・内容：グループ内で数字を聞いて、言ったりすること。

・準備物：特になし。

・ねらい：・英語の数字を聞いたり、言ったりして、英語の音に慣れ親しませる。

　　　　　・グループ活動を通して、皆と楽しく協力する。

・進め方：

T: OK. Get into groups of 10.（クラスの人数によって適宜、数字を変える）

（次に児童1人を選び、数字1を割り当て、そこから児童1人ひとりに、時計回りで2、3、〜10と数字を割り振る）

T: Do you know your number?（各児童の数字を確認する）

（1回目：児童はまず自分の数字を言い、それから次の数字を言う。そして2回手を叩く）

T: First, say your number. Next, say the next number. Then clap your hands two times. OK?

Number 1, raise your hand. Let's begin.

S1: One（自分の番号），two（次の番号），（2回、手を叩く）

S2: Two（自分の番号），three（次の番号），（2回、手を叩く）

（このようにしてS10までやったとする）

（2回目：数字を逆に言っていく）

T: Let's start from number 10. Say numbers backward. 10, 9, 8, 7, 6,…OK? Number 10, raise your hand. OK? Let's start.

S10: Ten（自分の番号），nine（次の番号），（2回、手を叩く）

S9: Nine（自分の番号），eight（次の番号），（2回、手を叩く）

（このようにして、S1まで数字を逆に言っていく）

（3回目：慣れてきたところで、自分の数字を最初に言うのは同じだが、次に言うのはグループ内の任意の数字でよいとする）

T: First, say your number. Next, say any number in your group. どの数字でもよいよ。

Then clap your hands twice. OK?（まず、自分の数字を言って、次に相手の数字を言

う。そして 2 回拍手）

　　Number 5, raise your hand. Are you ready? Let's start.（任意の数字から開始してよい）

　　S5（数字 5 の児童）: five, three（数字 3 の児童を指名）（2 回手を叩く）

　　S3（数字 3 の児童）: three, seven（数字 7 の児童を指名）（2 回手を叩く）

　　S7: seven, two.（2 回手を叩く）

　　S2: two, ten.（2 回手を叩く）

　　（これを繰り返す。慣れてきたら、徐々にスピードを上げる）

◎ 1 〜 10 の数字に慣れてきたら、11 〜 20 を利用して、同様の活動を行う。

③　13 を言ったら負けゲーム

・内容：ペアで、数字を 1 から言い始め、13 を言ったら負ける。1 回に言えるのは連続した数字 3 つまでとする。

・準備物：特になし。

・ねらい：目的のある活動を通して、英語の数字に慣れ親しませる。

・進め方：

　　T: Get into pairs. Pairs. OK? Do *janken*. The winner starts. You can say up to three numbers. You can say one, two, or three numbers.（1 回に言えるのは 3 つまでの連続した数字で、1 つあるいは 2 つの連続した数字でもよい）

　　S1, S2: Rock, scissors, paper, 1, 2, 3, shoot!

　　S1（勝った方から始める）: 1, 2

　　S2（負けた方）: 3, 4, 5

　　S1: 6

　　S2: 7, 8, 9

　　S1: 10, 11, 12

　　S2: 13（負けとなる）

◎同じ相手と 2 回戦をしてもよいし、別な相手と行ってもよい。

④　形を数える活動

・内容：四角形、三角形などの図形を示して、その形がいくつあるかを数える。ペアあるいはグループで数えた方が助け合える。

・準備物：四角形、三角形の用紙 1 枚ずつ（図 7-1、図 7-3 を参照）。9 マス（あるいは 16 マス）の四角形および、たくさんの三角形が描かれている大きめな用紙（小さく

とも、A3 以上）1 枚ずつ（図 7-2、7-4 を参照）。

・ねらい：目的をもって数える活動を通して、英語の数の言い方に
　　　　　慣れ親しませる。

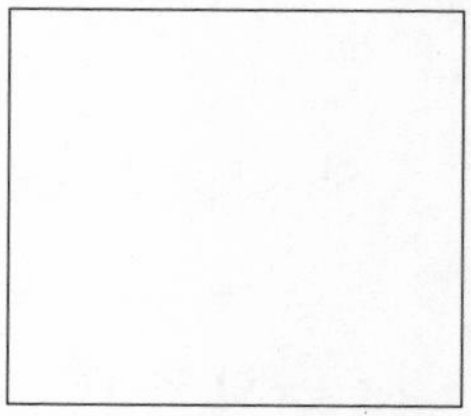

・進め方：

(a) 四角形を数える活動

　T: 図 7-1 のような図形の色紙等を示す。

　　What's this? Is it a circle? Is it a triangle?

　　Look at the shape.

　T（児童から、四角とか正方形のような反応があったら）: That's right. It's a square.

　　It'a square. A square.　正方形。（ちなみに、長方形は rectangle と言う）OK?

　　Look at the picture.（図 7-2 を黒板に貼る）

　　How many squares do you see? Please count the squares with your partner.

　　Count small squares and big squares.

　　Are you ready?（ペアで話し合わせる）

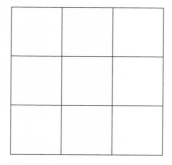

図 7-2　How many squares?

　　Any volunteers?

　　（挙手をした児童に前に出てきてもらい、one, two, three…と一緒に言いながら四角
　　形を数える）

　　First, count the small squares. One, two, three…nine. Then count the little bigger
　　squares.（最小の四角を 4 つ合わせたもの）. And one more square.

　　You did a good job. Let's give Tomoko-san（児童の名前）a big hand.

(b) 三角形を数える活動

　（図 7-3 をしめす）

　T: What shape is this?（または、What's this?）

図 7-1　四角形

Is it a square? Is it a circle?

No, it's a …triangle. Right.

Triangle. 音楽の授業で使うね。OK?

Look at the picture.（図 7-4 を黒板に貼る）

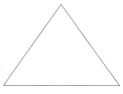

図 7-3　三角形

How many triangles（do you see）?

Please count with your friends.

Count small and big triangles.

　（グループで話し合う）

Any volunteers?

　（挙手した児童（Jun 君）がいたら、前に

　出てきてもらう）

OK, Class, let's count with Jun-kun.

Let's count the small triangles.

One, two, three,…sixteen. 16 triangles. OK?

　（その児童とクラスで一緒に数える）

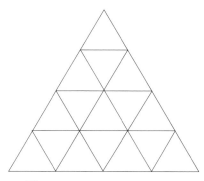

図 7-4　How many triangles?

Next, little bigger triangles. Let's count bigger triangles.

　（少し大きい三角形を数える。最小の三角形が 3 つ組み合わさった三角形）

Jun-kun, please count. One, two,… seven. 7 triangles.（その児童とクラスで一緒に数える）

Very good. Is that all?（これで全部？）

Very nice. We see（　　　　　）triangles. Let's give Jun-kun a very big hand.

⑤　ビンゴゲーム

・内容：数字によるビンゴゲームをする。

・準備物：9 マスあるいは 16 マスの用紙（児童の人数分）

・ねらい：英語の数字に慣れ親しませる。

・進め方：

(a) 教師 ― 児童のビンゴ活動（9 マスビンゴ活動）

　T（9 マスビンゴカードを配布する）: Choose 9 numbers out of 1 ～ 20.

　　Write each number in the bingo card.

（1 ～ 20 のうちから好きな数字を 9 つ選んで、それぞれのマスに記入させる）

　T: 4, 6, 10, 3, …（発音した数字は板書するとよい）

　Ss:（指導者の数字を聞いて、自分のマスの数字に

〇印をつける）

T: How many bingos（do you have）?

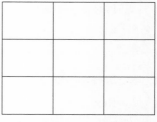

図7-5　ビンゴカード（1）

(b) ペアビンゴ活動（9マスビンゴ活動）

T: Choose 9 numbers out of 1 ～ 20. Write each number in the bingo card. Do *janken*. The winner starts.

S1: 4（自分のカードから任意の数字を 1つ選んで言って、丸印をつける）

S2:（その数字があれば、〇印をつける）7.

S1: 12.

図7-6　ビンゴカード（2）

◎このようなやりとりを続け、ビンゴが制限時間内にいくつ できるか、競い合う。

(c) 16マスビンゴ活動

9マスに慣れたら、16マスを用いてもよい。使用する数字は児童の実態に応じる。算数で倍数を学習したら、2の倍数、3の倍数、5の倍数等を用いることができる。3倍数の12、15、18、21、24、27、30、33などの英語の音を聞いたり話したりするのは結構なチャレンジである。

(i) 2と3の倍数ビンゴ

(ii) 5の倍数のビンゴ

図7-7　ビンゴカード（3）

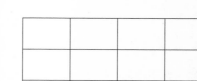

図7-8　ビンゴカード（4）

⑥　数字ピラミッド

・内容：1～20のうち、好きな数字16個を選んで、ピラミッドの空所に入れ、クラスメートとじゃんけんをし、勝った方から数字を1つ言う。数字があれば、1つ1つに〇印をつけていく。全部の数字に〇印が付けば、席に戻る。

・準備物：16マスの用紙（児童の人数分）。（図7-9を参照）

・ねらい：英語の数字に慣れ親しませる。クラスメートと英語を使用しての交流を図る。
・進め方：クラスの人数によるが、できるだけ多くのクラスメートと交流を図るとすれば、
　　　　　１人とじゃんけんをする回数は１回とする（回数は児童の数による）。

S1: Hi!

S2: Hi!

S1, S2: Rock. scissors, paper, 1, 2, 3, shoot.

S1:（勝ったとする）：7（図 7-9 のピラミ
　　ッドの数字に○をつける）

S2:（その数字があれば○をつける）

S1, S2: See you.

図 7-9　数字ピラミッド

（3）　スポーツの名前を導入する活動

　大抵のスポーツの名前は外来語として、カタカナとして日常生活の中で使用されているため、スポーツの名前は導入しやすい。

① 　ジェスチャーを用いて導入

・内容：数名の児童に皆の前でジェスチャーをしてもらい、そのスポーツを当てさせる活
　　　　動。
・準備物：サッカー、野球、バドミントン、ソフトボール、テニス、ドッジボール、バスケッ
　　　　　トボール、卓球、水泳など、10 種類程度のスポーツが描かれているカード（Ａ 4
　　　　　サイズ）。絵が得意な指導者は手書きの方がよい。その方が、指導者の個性がで
　　　　　る。
・ねらい：ジェスチャーで、スポーツの名前を導入し、ジェスチャーもコミュニケーション
　　　　　の手段であることを示す。
・進め方：

T: ジェスチャーをしてほしいんだけど、Any volunteers?

　（挙手をした児童を１人選ぶ）

　Satoshi-kun, please come to the front.

　Look at this picture and do a gesture.（他の児童にはカードは見せない）

S:（ジェスチャーをする）

T: Class, what sport is this?

Ss: Basketball.

T: That's right. Basketball. Very Good. Satoshi-kun, next, this card.

S: （ジェスチャーをする）

Ss: Volleyball.

T: Yes. Good. Volleyball. Satoshi-kun, you did a good job. Thank you very much.
　 Let's give Satoshi-kun a big hand.

◎以上のように、児童2〜3名に協力してもらいながら、スポーツの名前を導入する。

② スリーヒント・クイズ形式での導入

・内容：スリーヒント・クイズで、スポーツの名前を導入する。

・準備物：上記①で使用するスポーツ絵カード。ヒントとして出す選手の写真など。

・ねらい：目的をもって、英語を聞かせる。

・進め方：

T: What sport is this?（最後まで、ヒントは聞かせる。分かった時点で挙手させるが、す
　 ぐには答えさせないで、最後までヒントは聞かせる）

　 Hint 1: Ball.

　 Hint 2: Five.

　 Hint 3: Hachimura.（写真などを提示する。パワーポイントでもよい）

T:（最初に手を挙げた児童を指名して）What sport is this?

S1（最初に挙手した児童）: Basketball.

T: Great. Basketball. It's basketball. Next. What sport is this?

　 Hint 1: Ball

　 Hint 2: Racket.

　 Hint 3: Net.

S2: Tennis.

T: Almost

S2: More hint, please.

T: Ito Mima（写真などを提示する）

S2: Table tennis.

T: Good. Table tennis.

　 Now you make a three-hint quiz in your group.

◎グループ内で、スリーヒント・クイズによるスポーツの名前を当てる活動をする。

考えてみよう・やってみよう

（2）実際に、この活動を1人ひとりがクイズを作って、グループ内でやってみよう。

What sport is this?

Hint 1:　　　　　　.

Hint 2:　　　　　　.

Hint 3:　　　　　　.

What sport is this?　　　（答え　　　　　　　　　　　　）

---

③ 'Do you like 〜 ?' を用いての導入（ALT との small talk）

・内容：ALT とのちょっとした会話を通して、スポーツの名前を導入する。

・準備物：ALT との会話の理解を促す補助教材（写真、実物など）。

・ねらい：児童にとって身近な話題について、HRT と ALT とのやりとり 'small talk' を
　　　　　聞かせることで、児童の興味を引く。

・進め方：

T: We have our sports' day next week. Do you like basketball? Basketball?

ALT: Basketball? Yes, I do. I like basketball. I like basketball. I like Michael Jordan.
　　　Suzuki-sensei, do you like basketball?

T: Me? Yes, I do. I like basketball, too. When I was in junior high school, I played
　 basketball.

　（その当時の写真とか、何かあれば児童に示す）

ALT: Oh, you played basketball. You like basketball, too. I see. Class, do you like
　　　basketball?

　　　Do you like basketball?

T: Do you like basketball? Kyoko-san, do you like basketball?

（バスケットボールが好きな児童に聞く）

（4）'What's this?' を用いた導入

① 絵カードを隠しながらの導入

・内容：絵カード（あるいは実物）の一部を隠しながら、'What's this?' と聞きながら何で
　　　　あるかを推測させる。今回は外来語の導入をする。注意すべき点は、最初からすべ
　　　　てを見せて、'What's this?' と聞くと、見ればわかるものを聞いているのであまり
　　　　意味がない。そのような質問は、それを英語で何というか知っていますかという、
　　　　英語の知識を聞く質問になってしまうので、導入としては適切ではない。

・準備物：絵カード（今回は外来語に関するもの）。絵カードを隠す紙1枚（図7-10参照）。

・ねらい：'What's this?' の表現に慣れ親しませる。

・進め方：

T: Today we study 外来語。外来語って何？　分かる人？　Any volunteers?

外国語から日本語になった表現（ことば）だね。たいていはカタカナで表されます。

Class! What's this? It's 外来語 . Can you guess?

図7-10　外来語（1）

◎ 'What's this?' と言いながら、少しずつ、覆っている紙を上下、左右に移動させて隠れ
ている物を当てさせる。

② シルエットクイズ

・内容：ある物（今回は外来語）のシルエットの拡大版を、黒板に貼り、'What's this?' と
　　　　聞き、何であるかを推測させる。

・準備物：ある物のシルエットの拡大版。シルエットを隠す紙1枚。
　　　　　（シルエットでもすぐ見てわかるものは以下のようにある程度隠し、すぐにはわ
　　　　　からないようにする（図7-11 参照））

・ねらい：'What's this?' の表現に慣れ親しませるとともに、推測させる。

・進め方：

T: What's this? Please guess. It's fruit. What's this?

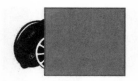　　　　　　　　　　　　

図7-11　外来語（2）

③　'Open the window' による導入

・内容：基本的には、ある物を隠しておくという点で、①と②に似ている。厚紙などに、4
　　　　つの開閉可能な窓（図7-12を参照）を作成し、窓を開けると、その窓の下に隠れ
　　　　ているある物の一部が見えるようにする。そして、隠れているものが何であるかを
　　　　推測させる。

・準備物：A3サイズ程度の開閉可能な窓がついた厚紙。外来語の絵カード、写真など。

・ねらい：'What's this?' の表現に慣れ親しませるとともに、推測させる。

・進め方：

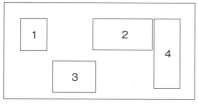

図7-12　窓

T: Which window do you open?

S1: 3.

T: OK.（3の窓を開ける）What's this?

　　Please guess. What's this? Any volunteer?

◎他の窓を児童とのやり取りで開けながら、隠れている物を推測させる。

④　ジグソー・クイズ

・内容：1枚の絵を5〜6つ程度に切り、バラバラにする。その中に別の絵の一部を入れて、
　　　　何の絵であるか、当てさせる。

・準備物：1枚の絵を5〜6つ程度にバラバラにしたもの（あまり小さいと教室の後ろから
　　　　見えない）。他の物の絵の一部1つ。

・ねらい：'What's this?' の表現に慣れ親しませるとともに、推測させる。

進め方：

　T: Look at the 6 pictures. What's this? Can you guess? It's an animal. 1枚は別なものが
　　　まぎれているよ。What's this?

◎児童1人ひとりに、動物、スポーツ、食べ物等の絵を描かせ、上記のようにバラバラにし
　て、ペアで 'What's this?' と聞く活動ができる。

図7-13　ジグソーパズル絵

⑤　野菜・果物の花を利用した 'What's this?'

・内容：理科、家庭科等で、野菜や果物について学習をした際に、パワーポイントで花を示
　　　　し、何の野菜や果物の花であるかを考えさせる。

・準備物：野菜・果物の花のパワーポイントスライド数枚。

・ねらい：児童の身近な題材を用いて、'What's this?' に慣れ親しませる。

・進め方：

　T: What' this?（What flower is this?）（(a) のパワーポイントスライドを示して）

　　 Can you guess?

　　 Hint 1, a vegetable. Hint 2, a summer vegetable.

　　 Hint 3, the color is purple, ムラサキ.

　　 What's this?

| (a) | (b) | (c) | (d) | (e) |

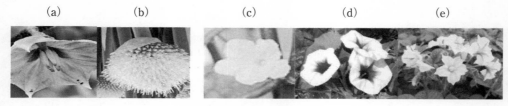

図 7-14　野菜・果物の花

◎同様にして、(b) ～ (e) をやってみる。

（5）スリーヒント・クイズによる動物の導入（高学年向き）

・内容：動物の絵を何枚か示しておき、そこからどの動物であるかを推測し、選ばせる。で
　　　　きるだけジェスチャーをつけて、ヒントを与える。また、'can' をつけて言う際は
　　　　○印を、'can't' の場合は×印を黒板に書くとよい。ヒントは1回のみでなく、2
　　　　回ゆっくり与える。

・準備物：動物の絵カード数枚（事前に黒板に貼っておく）。

・ねらい：'I can ～、I can't ～' に慣れ親しませる。

・進め方：

　T: Who am I?（私はだれ？）

①　Hint 1 : I'm gray.　　　　　　　②　Hint 1: I'm brown.

　　 Hint 2: I can swim.　　　　　　　　 Hint 2: I can jump.

　　 Hint 3: I can't fly.　　　　　　　　 Hint 3: I can't fly.

　　 Who am I?　　　　　　　　　　　　 Who am I?

③　Hint 1: I'm black and white.

　　Hint 2: I can swim.

　　Hint 3: I can't fly.

　　Who am I?

④　Hint 1: I like singing.

　　Hint 2: I can fly.

　　Hint 3: I can't swim.

　　Who am I?

kangaroo

penguin

hippo

bird

図 7-15　動物の絵

（5）　定着を図る活動（慣れ親しませるための活動）

①　Key word game

・内容：ペアになって机を寄せ、2 人の間に消しゴムなどを置き、key word を聞いたら、
　　　　それをとる。正しいタイミングで、早くとった方が勝ち。

・準備物：児童ペアで 1 つの消しゴム。

・ねらい：スポーツ、動物、色等の英語、あるいは基本表現（例えば、'Do you like ～ ?'）
　　　　　慣れ親しませる。

・進め方：

　T: Let's play a key word game. Please get into pairs. Put your desks together. Put an
　　eraser between you and your partner. Repeat after me. Then, clap your hands twice.
　　The key word is 'tennis.' When you hear the key word, take the eraser. OK? Are
　　you ready? Let's begin.

　　Do you like baseball?

　Ss: Do you like baseball?（2 回手を叩く）

　T: Do you like volleyball?

　Ss: Do you like volleyball?（2 回手を叩く）

　T: Do you like tennis?

　Ss:（キーワードを聞いたので、消しゴムをとる）（早くとった方が勝ち）

◎上記は、'Do you like ～ ?' を用いての key word ゲームであるが、単語レベルで実施す
　ることも可能である。5 回戦程度実施し、飽きないようにする。

② Go fish ゲーム

・内容：トランプのババ抜きのような活動。4人1グループになる。1グループ当たり絵カードを30〜40枚程度とする。1人当たり5枚程度配り、残りは、グループの中央に裏にして積んでおく。手持ちのカードに同じ絵カード2枚があれば、机の上に出す。同じであることを確認したら、中央に積んであるカードに混ぜる。他の人には、自分のカードを見せない。以下の例は形（shape）の英語表現を利用する。前時に、形を表す英語表現の導入はしたとする。

・準備物：1グループ当たり形の絵カード（トランプサイズ）30〜40枚程度。

・ねらい：いろいろな形を表す英語表現に慣れ親しませる。

・進め方：：

T: Get into groups of 4. Put your desks together to face each other. Deal the cards.（カードを配る）Five cards for each student. 同じ絵カードがあったら出して、中央の残りのカードに混ぜなさい。

S1:（S2 に向かって）Do you have a square?

S2:（そのカードがあれば）Yes, I do. Here you are.（S1 に正方形のカードをあげる）
（そのカードがなければ）No, I don't. Go fish.（自分でカードを取りなさい）

S1: Thank you.（S2 からもらったカードと自分の正方形のカードを机の上に置く）
（S1 からではなく中央からとったカードと一致すれば、その2枚を机の上に置く。一致しなければ、そのまま手持ちのカードとなる）

S2:（S3 に向かって）Do you have a rectangle?

◎自分の手持ちのカードが先に無くなった方が勝ち。

③ 形ビンゴゲーム

・内容：数字のかわりに、いろいろな形でビンゴゲームをする。

・準備物：図7-16 のようなビンゴカード（児童の人数分）。

・ねらい：さまざまな形の英語表現に慣れ親しませる。

・進め方：各自、9マスに、○ (circle)、♡ (heart)、☆ (star)、▭ (rectangle)、◇ (diamond)、□ (square)、△ (triangle) などの形を描かせる。英語の綴りは書かせなくてよい。

T: Draw a shape in each box. You can draw the same shape two times (twice).（2回同じ形を使用してもよい）

図 7-16　形ビンゴカード

（ペアでやるとする）

S1: Heart

S2: Star

S1: Diamond

④　かるたゲーム

・内容：教師の英語を聞いて、絵カードをとる。

・準備物：食べ物や飲み物（milk, orange juice, coffee, tea, pizza, sushi, grapes, pineapple, apple, peach, melon, lemon, watermelon, banana, cake など）の絵カード30枚程度を班ごとに用意する。

・ねらい：食べ物や飲み物や 'What food/drink do you like?' の英語表現に慣れ親しませる。

・進め方：

　T: Get into groups of four. Spread the cards out on the desk, face up. Hands on your head. Are you ready?

　Ss:（全員で）What food do you like?

　T: I like pizza.

　Ss:（最初にそのカードにふれた児童が、そのカードをもらう）

　　What food do you like?

　T: I like sushi.

　Ss:（該当の絵カードをとる）

◎英語を聞くばかりでなく、児童が 'What food do you like?' と何度も言うことになる。

⑤　チェーン・ゲーム

・内容：1つカテゴリー（食べ物、色など）を選び、その好き嫌いの質問を次の人にする。

・準備物：特になし。

・ねらい：'Do you like 〜?' とその答え方に慣れ親しませる。

・進め方：

(1) 5人程度のグループごとに縦に並ぶ。

(2) 教師は先頭の児童に前に来るように指示し、色、食べ物、スポーツなどのカテゴリーから1つ選んで伝える。

(3) その児童は 'Do you like 〜?' を用いて、次の児童に尋ねる。

　（例）食べ物を選んだ場合

　S1: Do you like lemons?

S2: Yes, I do. Do you like tomatoes?（ある食べ物を自分の回答として言う）

S3: No, I don't. Do you like *ramen*?

S4: Yes, I do. Do you like *gyoza*?

S5: Yes, I do.［S1 へ］Do you like *natto*?

◎列に並んだ児童全員が、質問と回答を言うようにする。特に、速さを競合わせはしない。

⑥　どんじゃんけんゲーム（ドンと相手に出会い、ジャンケンポン）

・内容：列の両端から曜日や月の名前を書いた絵カードを発音する。

・準備物：曜日や月の名前が書かれている絵カード。1列当たり、7〜8枚程度。

・ねらい：曜日や月の名前の英語表現に慣れ親しませる。

・進め方：

(1) 5人程度のグループを偶数作る。

(2) 机を4つ程度横につなげ、その上に一列に曜日や月の名前を書いた絵カードを置く。
　　絵と英語の綴りの両方があるとよい。

(3) 班ごとに、各列の両端に控える。

(4) 最初の児童がカードを英語で1枚ずつ言って行く。反対側の児童も同様にする。

(5) 出会ったところで、Rock, scissors, paper, 1, 2, 3, shoot! とジャンケンをする。

(6) 負けた児童は自分のグループの最後尾に並ぶ。負けた班の2番目に並んでいる児童は最初からカードを英語で言っていく。

(7) 勝った児童はさらに続きのカードを英語で言い続け、相手の2番目の児童と出会った所でジャンケンをする。

(8) 班全員1人ひとりが、相手の班の最初にあるカードまで早くたどり着いた方が、勝ちとなる。

⑦　伝言ゲーム

（その1）

・内容：上記⑤のチェーンゲームに似ている。ジェスチャーで何のスポーツであるかを次の人に伝える。

・準備物：スポーツ絵カード数枚。

・ねらい：ジェスチャーを使って、コミュニケーションをさせる。

・進め方：

(1) グループで1列に並ぶ。

(2) 指導者は先頭にいる児童だけにスポーツ絵カードを1枚見せる。

（列ごとに、異なる種類の絵カードを見せる）

　（3）その児童は次の児童にジェスチャーで、そのスポーツを伝える。

　（4）そのスポーツを次の児童に伝える。順に伝えていく。

　（5）指導者は、最後の児童に‘What sport?’と尋ねる。

（その2）

　・内容：アルファベット文字を名称読みで伝える。

　・準備物：アルファベット文字カード4枚（今回は大文字）程度。

　・ねらい：アルファベット文字に慣れ親しませる。

　・進め方：

　（1）グループで1列に並ぶ。

　（2）指導者は先頭にいる児童だけにアルファベット文字カードを4枚見せる。

　　　（例、S, O, P, T）

　（3）その児童は次の児童にその4枚の文字の名称読みを順序よく伝える。

　（4）その4文字（名称読み）を次の児童に伝える。順に伝えていく。

　（5）指導者は、最後の児童に その4文字を黒板に書くように言う。

⑧　連想ゲーム

　・内容：ペアになって、相手の言うことから連想されるものをリズムに乗って言っていく。
　　　　　色からはじめるとよい。

　・準備物：特になし。

　・ねらい：色、それから連想される物などの英語表現に慣れ親しませる。

　・進め方：

　S1:（自分の好きな色を言う）Yellow.（2回手を叩く）

　S2: Lemon.（2回手を叩く）Green.（2回手を叩く）

　S1: Cucumber.（2回手を叩く）Black.（2回手を叩く）

　S2: Night.（2回手を叩く）White.（2回手を叩く）

　S1: Chalk.（2回手を叩く）Pink.（2回手を叩く）

　S2: Peach.（2回手を叩く）Pink.（2回手を叩く）

　S1: Pig（2回手を叩く）

　◎連想されるものは、2回同じものを言わないようなルールを設けるとよい。

⑨　インタビュー・ゲーム（その1）色を扱ったもの。

　・内容：クラスメートの好きな色をあらかじめ予想し、インタビューをする。

- ・準備物：以下のインタビューシート（表7-1）（児童の人数分）。
- ・ねらい：質問文 'What color do you like?' および色の英語表現に慣れ親しませる。
- ・進め方：

(1) 各自、インタビューをする人を7人程度決める。その人の名前を書く（わからない場合は、紺のTシャツを着た人とか、キーワードでよい）。例えば、男子3人、女子3人、先生1人とする。

(2) その人がどんな色が好きか予想を立てる。色は1つでよい。

(3) それぞれにインタビューして、サインをもらう。

A: Hi! What color do you like?

B: I like ～ . What color do you like?

A: I like ～ . Name, please.

B: Here you are. Name, please.

AB: See you.

(4) 予測がどれくらい当たったかを数えてみる

表7-1　インタビューシート（1）

	男子①	男子②	男子③	女子①	女子②	女子③	先生
名前または キーワード							
予測 （色1つ）							
回答							
サイン							
当たってい たか○×							

⑩　インタビュー・ゲーム（その2）　Can you ～？（高学年向き）

- ・内容：クラスメートに、できる、できないかについて予想を立て、インタビューする。

- ・準備物：以下のインタビューシート（表7-2）（児童の人数分）。

- ・ねらい：'Can you ～?' およびその答え方に慣れ親しませる。クラスメートのできる、できないに関し、新たな面を発見させる。

- ・事前学習：この活動をする前に、スポーツの名前を導入し、key word ゲームや伝言ゲーム、ビンゴゲーム等で、ある程度、基本的表現に慣れ親しんでおくことが前提となる。基本的表現：play baseball, play table tennis, play kendama, swim,

Can you ～? Yes, I can. No, I can't.

・進め方：1つのイラストにつき、3名程度に尋ねる。インタビューをしたらサインをもら
　　　　　う。できるだけ多くのクラスメートにインタビューする場合は、1人につき、質
　　　　　問は1つに限定する。

S1: Hi! Can you play baseball?

S2: Yes, I can. Can you play table tennis?

S1: No, I can't. Name, please.

S2: Here you are. Name, please.

S1, S2: See you.

表 7-2　インタビューシート (2)

名前または キーワード				
予想 （○か×）				
回答 （○か×）				
サイン				
当たってい たか○×				

（6）コミュニケーション活動（やり取り中心）

① 'Who am I?' 活動（高学年向き）

・内容：自分の背中に貼られた動物が何であるかを当てる。

・ねらい：'Can I ～? Am I ～?' という質問文を使用する目的をもたせ、その質問文およ
　　　　　び答え方に慣れ親しませる。この活動を通して、多くのクラスメートと交流さ
　　　　　せる。

・準備物：小さめな動物カード（児童の人数分＋10程度）、A4サイズの動物絵カード（動
　　　　　物の種類分の枚数）、セロハンテープ。

・事前学習：色（gray, white, black, yellow, pink 等）、大きさ（small, big, long, tall 等）、
　　　　　　動作を示す表現（swim, fly, run, jump 等）、動物の名前（cow, dog, elephant

など） はポインティング・ゲーム、キーワード・ゲーム、伝言ゲーム等で、ある程度慣れ親しんだとする。さらに、それらの語を‘Can I ～? Am I ～?’の疑問文の中で、ある程度練習することが必要である。

・進め方：

(1) 動物の絵カードを児童1人ひとりに配布する。そのカードを他の人に見せないように言い、隣の人の背中にセロテープ等で貼るように指示する。この時点で貼られた人は、自分が何の絵カード（動物）が貼られたかがわからないようにする。

(2) クラスの人数にもよるが、30人程度いれば、1人に質問する数は1つとする。質問する際に、‘Am I black and white?’のように、2つの色を同時に使用することはできない。じゃんけんをして、勝った方が質問できる。

S1, S2: Hi! Rock, scissors, paper, 1, 2, 3, shoot.

S1（勝ったとする）: Am I black?

S2:（S1の背中に貼られている絵カードをみて）Yes/ No/ I don't know.

（回答は主観によるものだから、相手の回答が必ずしも自分が予想したものとは一致しない）

S1: Thank you. See you.

S2: See you.

◎上記は、じゃんけんの勝者のみが質問をしたが、負けた方も質問をしてもよいことにすることもできる。

(3) 自分が何の動物であるかわかったら、指導者の所へ来て‘Am I a dog?’のように言う。（動物の絵カード（A4サイズ）は黒板に貼っておく）

(4) 背中の絵カードがその通りであれば、‘Very Good.’と言って、そのカードを児童の背中からはがす。さらに‘Try one more.’と言って別な絵カードを背中に貼って、また当てるように促す。間違っていれば、‘Sorry, no. Try again.’と言って、質問する活動に戻るように促す。

② オリジナルTシャツを作ろう（中学年向き）

・内容：オリジナルTシャツをデザインし、クラスメートに自分のデザインしたTシャツを紹介する。

・準備物：Tシャツの台紙（児童の人数分）、色紙（児童1人当たり2枚程度）、糊、ハサミ、定規など。

・ねらい：色、形などの英語に慣れ親しませるとともに、目的をもって英語を使用することを体験させる。

・事前学習：色（red, blue, yellow, pink, green, brown, orange, purple, black, white）、形（circle, square, rectangle, diamond, triangle, star, heart oval, pentagon など）および 'How many?' の英語表現を学習する。

・進め方：

（1）児童 1 人当たり色紙を 2 枚程度配布し、いろいろな形（例えば、丸、三角形）を切り抜かせる。1 人当たり 6 ～ 8 枚程度を切り抜く。大きさは自由とする。

（2）各児童に、T シャツ（白色）の台紙（A4 サイズ程度）を配付する。

（3）クラスを半分に分け、お店屋さんごっこをする。仮に、30 人のクラスだとすると、15 人がお店、残りが買い物客とする。売り手 15 人は 3 人程度のグループで 5 つに分かれる。自分たちが切り抜いた形の色紙を机に並べる。5 つの売り場ができる。

（4）買い手は、1 つの売り場で 1 種類の買い物しかできないルールを作る。枚数は最大 2 枚までとする。次のように言う。

（机の上の色紙のいろいろな形を見る）

S（買い手）: Red triangles, please.

S（売り手）: How many?

S（買い手）: Two, please.

S（売り手）: Here you are.

S（買い手）: Thank you.

　買い手は 3 人グループなので、売り手も順番に交替する。売り場は 5 つあるので、好きな売り場へ行って、買い物をする。1 人当たり、最大で 10 枚の形を入手できる。目標として 6 枚は何とか入手するようにする。

（5）5 分後、売り手と買い手の役を交換し、上記と同じ活動をする。

（6）それぞれ好きな色の形を入手したら、T シャツの台紙に糊付し、好きなデザインを作る。（図 7-17 を参照）

図 7-17　オリジナル T シャツ

(7) できた T シャツは、グループ内で発表する。

This is my T-shirt.

I like red hearts.

I like blue stars. I like green stars.

Thank you.

◎ 1時間の中で、T シャツ紹介の時間的余裕まではないと思われるので、次回に発表の練習と発表をする。

(8) 次回の授業で発表が終了したら、発表した T シャツは、教室内に掲示する。

（猪井　新一）

4. 外国語科（高学年）向けの具体的な聞く・話す活動例

　ここでは、高学年を対象とした「聞く・話す活動」に焦点を当てて、さまざまな活動例を取り上げる。『We Can! 1』の Unit 6 'I want to go to Italy.' と『NEW HORIZON Elementary English Course 6』（文部科学省検定教科書の1つ）の Unit 3 'Let's go to Italy.' の単元を例に紹介し、慣れ親しむ活動から、実際のコミュニケーションの場において使用する活動まで、また容易な活動から難易度の高い活動まで一連の流れに沿って紹介する。この単元では、世界のいろいろな伝統文化や人々の生活について理解を深め、国際的志向性を高めることが期待できる。また、12章でも、ここで扱った活動の ICT を活用した実践例を取り上げるので、そちらも合わせて参照されたい。次の図7-18は、国名、色、形などの英語表現に慣れ親しむための絵カードや基本的表現などを示している。

図7-18　国旗の絵カード（小林、2019a）

① スリーヒント・クイズ

・内容：国旗に関する3つのヒントを聞き、国名、色、形の表現に慣れ親しむ。

・準備物：世界の国旗の写真のスライド、あるいはプリントに印刷した国旗、グループごとの世界地図を用意する。図7-19と図7-20の国旗は、クイズの段階ではあえてワークシートでもスライドでも、白黒で表示し、ヒント3まで聞かないと正解がわからないように工夫すると、児童が最後のヒントまで集中して聞くようになる。

・ねらい：世界の国旗に関するクイズを通して、色や形や数字の語彙に慣れ親しむ。世界の国旗の例をスライドに提示し、さまざまな色や形で作られていることに気づかせる。

　No.1

図 7-19　国旗クイズの例、日本の国旗

・進め方：

　T: What country is this?

　T: Hint 1: Two colors.

　T: Hint 2: Red and white.

　T: Hint 3: A red circle.

　T: What country is this?

　T: The answer is （　）.

　Ss: Japan.

◎最初は、全員が知っている日本の国旗を例に、簡単なクイズを出し、全員がルールを理解できるようにする。

　No.2

図 7-20　国旗クイズの例、日本の国旗とバングラディッシュの国旗

・準備物：白黒で表示した日本とバングラディッシュの国旗のパワーポイントのスライド
と、白黒印刷の国旗が描かれたワークシート。赤と緑の色ペン、グループごと
の世界地図を用意する。

・進め方：

T: What country is this?（日本の白黒の国旗を提示）

Ss: Japan.

T: Yes.（日本の国旗をカラーで提示）

　　How about this?（バングラディッシュの白黒の国旗を提示）

Ss: Japan.

T: Really? 日本の国旗と少し違うところはないかな？

T: Hint 1: I have two colors.

T: Hint 2: I have a red circle.

T: Hint 3: I have red and green.

　　（紙で印刷した場合は、ここで緑色のペンを使って、白い国旗のワークシートに色を
塗ってみせて、日本との違いを強調する。スライドの場合は、バングラディッシュの色
のついた国旗の写真を表示する）

T: What country is this?

Ss: （　　　）（ここでは正解が出てこないことが予想される）

T: Check the national flag with your world map. Find and point to the flag.

　　（ここで世界地図を用いてポインティング・ゲームを導入する）

T: Can you find the answer?

Ss: Yes!

T: The answer is Bangladesh.（教師は正解を言って、国旗を指で示す）

◎解説：白黒で表示することで一見すると同じ日本の国旗が並んでいる状態である。このよ
うに工夫次第でクイズの難易度が上がり、児童の好奇心を刺激できる。図7-19の
日本の国旗クイズの後に行って、日本と似ている国旗を比較させ、世界の国旗に
興味や関心を高めるように工夫する。段階に応じて、図7-19の例のように単語だ
けのヒントから開始し、図7-20の例のようにI have 〜のように、出だしの表現を
統一した英文を用いるなど、児童の実態に応じて難易度を調整する。教師が言う
3つのヒントを児童にしっかりと聞かせ、どこの国旗について話しているのかを
予想させたい。そのためにも、今回の場合であれば、ヒント2までを聞くだけで
は正解を見つけることが難しいヒントを提示する等、順番も工夫したい。答えさ
せる時は、各グループに国旗が描かれている世界地図を配布し、該当の国旗を指

で押さえる早押しポインティング・ゲームで回答させる。こうすることで、聞く活動に焦点を当てた活動になり、たとえ英語でその国名を言えなかったとしても、すべての児童が参加できるようになる。

　このように、似ている国旗を最初に紹介すると、児童の興味・関心を高めることができる。同じ流れで他の国を扱って練習する。2つ目のヒントの途中で答えが分かった児童への対応方法は、正解を言わないように注意するのではなく、あえてポーズを置き、正解が分かった人は手を挙げようと言い、クラス全体をコントロールして統一感を持たせながら進める。そして、手を挙げている児童には答えではなく、ヒント3を考えて言ってもらうように仕向けると、話すことの活動にも発展的につなげることができる。

② キーワード・ゲーム
・内容：ペアになって机を寄せ、2人の間に消しゴムを置き、キーワードを聞いたら、消しゴムを取る。友達より早く消しゴムをとった人が勝ち。
・準備物：Step 1, 2用の国旗と国名が書かれているスライド、Step 3用の国旗のみのスライドを何パターンか準備する。
・ねらい：世界の国名の英語を聞いて、英語の音を繰り返して発音する。
・進め方：

Step 1

T: Let's play a keyword game. The first keyword is Canada.（国旗と国名を提示）

Make pairs. Put an eraser on the desk between you and your friend.

Take the eraser when you hear the keyword. Clap your hands once when you hear the other countries.

Step 2

S: Next keyword is Germany.（国旗と国名を提示）

T: Repeat the other countries and clap your hands once when you hear the other countries.

Step 3

T: Next keyword is（this）.（国名は言わず、国旗のみ提示）

Repeat the other countries and clap your hands twice when you hear the other countries.

◎解説：国旗と国名を提示して発音練習をしてから行う。聞いた音を繰り返すということは児童にとって簡単ではないため、最初のStep 1では聞くことに集中する。次の

Step 2の段階で話す（リピート）活動を行う。慣れてきたら児童にキーワードを決めさせるようにすると良い。Step 3では、自分で考えてから理解した上で言わせるようにする。教師が1つの国旗を決めて、その国名をキーワードにする（児童には国旗のみ提示し、<u>国名はあえて言わない</u>）。この時、児童が国名を友達に聞かないように注意する。このように難易度を少しずつ上げながら活動を繰り返していくにつれて、国旗を見ただけでその国名を言えるようにする。今回は国旗をテーマにクイズを行ったが、他の単元の場合であれば、語彙の意味の導入や定着等、ゲーム感覚で楽しみながら様々な単語を覚えていける活動である。

③　Alligator Game（キーワード・ゲームの別バージョン）

・内容：ペアになって、一人が両手を縦に大きく広げ（A）、もう一人がその間に手を入れる（B）。キーワードを聞き、AはBの手を捕まえると勝ち。Bは捕まらないよう、急いで手を引っ込められたら勝ち。

・準備物：キーワード・ゲームのStep 3で使用した国旗のみのスライドをそのまま利用する。

・ねらい：同じ表現を繰り返し飽きずに、楽しみながら聞く。

・進め方：

T: The next keyword is（this）.（国名を言わず、<u>国旗のみ提示</u>）

Make pairs. Rock, scissors, paper. Winners, you are an alligator. Open your mouth widely.（ジェスチャーで示す。ワニの口をイメージして両手を縦に大きく広げる）

Losers, put your hand into the mouth of the alligator.（ワニの口の真ん中に手を入れる）

Losers, pull your hand back when you hear the key word.

（キーワードが聞こえたらAlligatorに食べられないように急いで手を引っ込める）

Winners, close your mouth quickly.（Alligator役は口に見立てた両手で相手の手を挟む）

Everyone, repeat the other countries when you hear the other countries.

◎解説：キーワード・ゲームでは消しゴムを使って全員が同じことを行っていたが、ここではペアで役割が異なっている。じゃんけんで勝った児童はワニになり、両手を大きくワニの口に見立てて待機し、負けた児童はその中に手を入れてエサの状態になるという別バージョンの活動である。このように少しだけ活動に変化を持たせると、同じキーワード・ゲームでも飽きさせずに繰り返し同じ語句や表現に慣れ親しませることができる。

④　Back to Back

・内容：ペアを組み、背中合わせで立ち、行きたい国名を同時に言う。

・準備物：キーワード・ゲームの Step 3 で使用した国旗のみのスライドをそのまま利用する。

・ねらい：世界の国旗を見て、英語で発音する。定着させたい基本表現 'Where do you want to go?', 'I want to go to ○○.' を繰り返し聞き、発音する。

・進め方：

　　T: Make pairs. Stand back to back.（ジェスチャーで示す。背中合わせになる）

　　　 Look at the monitor. Where do you want to go?

　　　 Choose one country.（国名を友達には言わないように注意）

　　　 Turn around and say the name of the country together.（ジェスチャーで示す）（実際に児童 2 人に協力してもらって全体で確認する）

　　　 Are you ready? Where do you want to go?

　　Ss: I want to go to ○○.

　　T: High five.（2 人とも同じ国を選んだ場合はハイタッチする）

◎解説：児童が同じタイミングで○○の国名を言うと同時に相手の方に振り向きながら、行きたい国を答えるようにする。そのためには教師の Where do you want to go? や、児童の I want to go to ○○. をしっかり聞かせる必要がある。児童が自分でどちらかの国を選ぶようになったことで、ペアの友達と行きたい国が同じかどうかゲーム感覚で楽しむことができる。また、クラスで一斉に行うことで、一体感を生み、ハイタッチすることで楽しむ雰囲気が作られる。活動を始める前に国旗の名前を全体で確認してから行うと、全員が参加できるようになる。上の例では、国旗の読み方の全体練習を行わない難易度を少しあげたパターンを紹介した。

⑤　ミッシング・ゲーム（別名メモリー・ゲーム）

・内容：教師の英語を聞いて、裏返されたカードを言い当てる。

・準備物：国旗の絵カード 3 枚。絵カードの裏側には？ マークを記入する。

・ねらい：世界の国旗名を繰り返し聞き、国旗と国名を一致させる。世界の国旗を見て、国名を言う。

・進め方：図 7-21 の国旗の絵カードを 3 枚黒板に貼る。

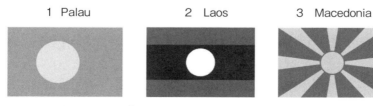

1　Palau　　　　2　Laos　　　　3　Macedonia

図 7-21　国旗クイズの例、日本の国に似ている国旗

T: We have three pictures.

T: What is No.1?（初めて行う場合は、教師が先に国旗名を言って児童にリピートさせる）

Ss: Palau.

T: Yes, Palau. Repeat Palau.

Ss: Palau.

T: What is No.2?

Ss: Laos.

T: Yes, Laos. Repeat Laos.

Ss: Laos.

T: What is No.3?

Ss: Macedonia.

T: Yes, Macedonia. Repeat Macedonia.

T: Close your eyes.（児童が目をつむっている間に、1枚だけ（No.2）裏返す）

T: Open your eyes.

T: What's missing?（裏返したカードを指さして問いかける。例、2 Laos）

Ss: Laos.

T: That's right. Good.（絵を見せ、答えを確認する）

◎解説：世界の国旗を3つほど提示し、その中から裏返った国旗を一つ言い当てる活動のため、答えを言うハードルもそれほど高くない。答えを英語で言うことに自信のない児童も全員参加できるように、回答させるときは国旗の方向を指で示すことや、国旗の上に番号を振るなどしてその番号を答えさせるなど、事前に答える際の足場がけを与えてから始めると、より積極的に取り組むようになる。

　　　例えば、番号付きの3つの国旗を提示し次のように行う。教師の発話例：No.1 is Palau. No.2 is Laos. No.3 is Macedonia. What's missing? 児童：No.3. 国旗の絵カードを裏返すのではなく、教卓の中に隠したりするような活動もできる。

・難問にチャレンジ！

T: Now we have 10 flags. I will say 8 flags. What's missing? What's No.9?, What's No.10?

　10枚のカードを黒板に貼るか、スライドの一枚にすべて収まるように提示する。教師が国旗と国名を1つずつ一致させながら言うのではなく、ランダムに、国名だけを言う。こうすることで、児童に英語を集中して聞かせ、どの国旗が言われていないのか考えさせる。

⑥　国旗の塗り絵クイズ

・内容：教師の英語を聞いて、塗り絵をし、塗り終えた色を言う。

・準備物：図 7-22 のような、デザインは同じで配色が違う国旗をワークシートに白黒で印
　　　　　刷する（白黒がはっきりしているものでなく、上から色を塗ることができるよ
　　　　　うにうすめの印刷の方がよい）。同様にスライドにも用意する。数種類の国旗が
　　　　　描かれてある世界地図。

・ねらい：聞くことの活動で十分に慣れ親しんだ国旗の「色」の英語表現の定着を図る。

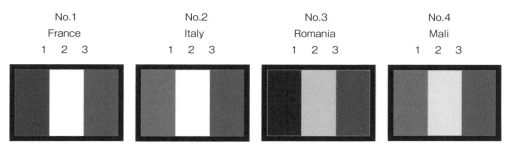

図 7-22　国旗クイズの例、デザインは同じで配色が違う国旗（ワークシート）

Step 1:

・進め方：図 7-22 の左端のフランスの国旗をパワーポイントスライドに提示して始める。

　T: This is a French flag. It has three colors. What are these colors?

　　 Touch the national flag on your world map. Paint the flag on your worksheet.

　Ss:（児童は世界地図を見てフランスの国旗を見つけて指さす。見つけたらワークシート
　　　のフランスの国旗の青色の部分を塗る。色えんぴつで塗りつぶす）

　T: What color is No.1?　（No.1 の左側の 1 の部分を指す）

　Ss: Blue.

　T: Yes!

　T: What color is it?　（No.1 の真ん中の 2 の部分を指す）

　Ss: White.

　T: Yes!

　T: What color is it?　（No.1 の右側の 3 の部分を指す）

　Ss: Red.

　T: That's right! You did it!

◎解説：聞くことから話すことの活動に向かう国旗の塗り絵クイズである。デザインは同
　　　　じで配色が違う国旗をワークシートに白黒（うすめ）で印刷し、児童に配布する。

国旗の色を覚えるのではなく、ここでも世界地図を参照して取り組むようにする。ただし、参照する世界地図の国旗を見ながら色を英語で答えても、スピードだけを競ってしまい、早く見つけた児童だけが答える活動になってしまうので、見つけた児童はすぐに答えを言うのではなく、指さしをしてから白紙の国旗に色を塗り、答え合わせのタイミングで一斉に答えるようにする。

Step 2: 児童が主役になってグループでクイズを出す。

T: Make groups of four. Rock, scissors, paper. Losers, close your eyes.

Winners, raise your hands. Only winners can look at the monitor.

First quiz is（　　）.（教師が国旗をスライドに映す。Winners が確認したらスライドを隠す）

S1（Winner）: What country is this?（It has）three colors. What color is No.1?（児童はこれらの表現を全部言えなくてもよいとする）

S2&S3&S4（Losers）:（Step 1 と同様の手順で行う）

◎解説：じゃんけんで勝った児童がスライドを確認したら、すぐに隠さないと負けた児童が見てしまいクイズにならないので注意する。負けた児童は、その国旗を世界地図から見つけて指で押さえ、ワークシートに載せてある白黒の国旗に色を塗る。その後、一斉にそれぞれの色を言って確認する。役割を交代しながら全員が教師役になれるようにする。

⑦　Card game　（カルタ）

・内容：教師の英語を聞いて、絵カードをとる。

・準備物：各グループに配布するカルタカード（図7-23）。カードの種類は、国名、見たいもの、食べたいもの、買いたいもの、の4種類を用意する。仮に12ヵ国分用意するとなると、合計で48枚のカードが必要である。ラミネート加工したカードが望ましいが、紙に印刷したものをハサミで小さいサイズに切って利用してもよい。

・ねらい：カルタを通じ、国を紹介する基本的な表現（定着させたい表現）を理解する。その国でどんなことをしたいのか、その理由を表している表現（see, eat, buy）を繰り返し聞いて、基本表現を理解する。

・進め方：

T: Make groups of four. Hands on your head. Are you ready?

T: Let's go to Canada.

Ss: カナダの国旗カードを取る。

T: In Canada, I want to <u>see</u> the aurora.

Ss: オーロラのカードを取る

T: I want to <u>eat</u> lobster.

Ss: ロブスターのカードを取る

T: I want to <u>buy</u> maple syrup.

Ss: メープルシロップのカードを取る

T: I want to go to Canada.

図 7-23　カルタの国ごとの 1 セット例

◎解説：カルタには、写真などのイラストと文字を一緒に載せ、児童が自然と文字にも触れ
　　　　るように段階的に紹介していく。また、see や eat や buy などの動作を表す語句に
　　　　は、カルタに目や口、買い物等のイラストを載せ、日本語を使わなくても理解で
　　　　きるように工夫する。

⑧　Card game（並べ替えバージョン）

・内容：教師の英語を聞いて、絵カードを並べ替える。

・準備物：カルタゲームと同じものを利用する。

・ねらい：カルタカードを活用し、国を紹介する基本的な表現（定着させたい表現）を理解
　　　　　する。その国でどんなことをしたいのか、その理由を表している表現（see, eat,
　　　　　buy）を繰り返し聞いて、基本表現を理解する。慣れ親しんだ表現を活用して、
　　　　　どこの国に行きたいのか、またその理由も相手に聞くことができるようにする。

・進め方：

T: Make groups of four. I want to travel. I want to go to many countries.

　　Do you know the country I want to go to? Do you remember how to ask in English?

How do you ask?

Ss: Where do you want to go?

T: I want to go to Canada.

Ss: カナダのカードを取って机上の端に置く。

Ss: Why?

T: In Canada, I want to <u>see</u> the aurora.

T: I want to <u>eat</u> lobster.

T: I want to <u>buy</u> maple syrup.（教師は意図的にポーズを置かずに３文言う）

Ss（see, eat, buy の３枚のカードを取ってカナダの国旗カードの横に並べる）

◎解説：教師と児童が簡単なやり取りを行いながら、聞き取った情報が書かれたカードを マッチングさせて机の上に並べる活動である。この活動は、カルタの活動の後に 位置づけ、グループで協力して行うようにする。一度に３つの英文を聞いた後に、 カードを並べ替えるので、認知的負荷が少し高くなっている。カルタとは違い、児 童が Where do you want to go? や Why? の表現を繰り返し言う「話すこと」の 活動になるため、何度もそれらの英語表現に慣れ親しむことができる。④の Back to Back の活動で教師が導入した表現 Where do you want to go? の表現を今度は 児童が理解して言うことにつなげる。ここで、会話のやり取りを導入し、活動を通 して何度も言ったり聞いたりできるので、やり取りの最初の段階に位置づけたい。

⑨　国名当てクイズ

・内容：教師の英語を聞いて、国名を答える。

・準備物：これまでの練習の成果をヒントなしで確認するため、準備物は不要。

・ねらい：国名クイズを通じ、国を紹介する基本的な表現（定着させたい表現）を理解する。 その国でどんなことをしたいのか、その理由を表している表現（see, eat, buy） を<u>情報カードなしの状態で英語を聞き</u>、国を紹介する基本表現を理解する。

・進め方：

T: You learned a lot. You have a lot of information about those countries. Let's share your information.

T: Please guess the country. In this country, you <u>can</u> see the aurora. You <u>can</u> eat lobster. You <u>can</u> buy maple syrup. What country is this?

S: Canada.

T: Very good. これまでと違った表現に気が付いた人？

S: You <u>can</u> ～ !

　　T: Good. You can という表現は、「こんなことができる」という何かをおすすめするとき
　　　の表現にも使えるよ。
◎解説：カルタと並べ替え活動の確認として位置付ける。児童はこれまでにスリーヒント・
　　　　クイズに慣れ親しんでいるので、ルール説明などは簡単に済ませ、すぐにスリー
　　　　ヒント・クイズと同様の手順で教師が口頭で国名当てクイズを出していく。この時、
　　　　イラストや写真やカードなどは何も提示しないことで、これまでの活動よりもレ
　　　　ベルを上げている。後の活動で使用する基本表現 'can' を盛り込み、表現の理解
　　　　を図る。

⑩　やり取りクイズ
・内容：児童同士で国名当てクイズをする。
・準備物：カルタゲームと同じものを利用する。
・ねらい：Where do you want to go? や I want to see/eat/buy ～ . の表現に繰り返し触
　　　　れる。
・進め方：児童が好きな国を選択し、3つの（　　）の単語をヒントに最後の空所に入る国
　　　　の名前を答えるクイズを行う。
　　T: Let's start interaction quiz. Make pairs. Rock, scissors, paper.
　　　Winners, choose the country and get 4 cards. Do not show the cards,（図 7-23 のよ
　　　うに児童が好きな国とその国でできることのカードを選ぶ）
　　　Losers, ask the question. "Where do you want to go?"
　　　Winners, say the three hints.（see, eat, buy の順番で情報を伝えるようにする）
　　　Losers, guess the name of the country. OK? Let's start.
　　S1: Where do you want to go?
　　S2: I want to see the（aurora）.（カードは相手に見せない。ゆっくりヒントを出していく）
　　S2: I want to eat（lobster）.（この活動で初めて文単位で言うことになる）
　　S2: I want to buy（maple syrup）.
　　S1: Do you want to go to（Canada）?
　　S2: Yes, that's right.
　＊3つのヒントを聞いても相手がどこの国か分からない場合は、Give me more hints. と言
い、winners は、これまでの国旗クイズ等で色や形を使ったヒントを出す。I have white. I
have red. I have a maple leaf.
◎解説：これまでのカードゲームで学習した表現や語彙に不安が残っている場合は、前の活
　　　　動に戻って再確認してからもう一度挑戦させる。国名が分からない場合は、例で

示したようにスリーヒント国旗クイズで学習した内容を活用する。単語が言えない場合は、ジェスチャーで示してもよいことにする。大切なことは、ヒントを要求するために、自然なやり取りを行うように仕向けることである。やり取りを行う際に、音声を十分に聞かせ、繰り返し言う活動を通して話すことに慣れ親しませる。クイズを織り交ぜて、やり取りする必然性のある場面を設定することが大切である。

⑪　調査　インタビュー活動1「旅仲間を探そう！」

・内容：クラスでインタビューして同じ大陸に旅行したい友達を見つける。

・準備物：カルタと同じ4枚が1セットになっている国名とその国でどんなことをしたいのかを表している表現（see, eat, buy）が書かれた情報カードを利用する。図7-24はグループAの例である。大陸ごとの情報カード一覧表（表7-3）は、スライドに大きく提示しておく。

・ねらい：定着させたい基本表現 What do you want to see? What do you want to eat? What do you want to buy? を繰り返し聞いたり、言ったりしながら、英語でやり取りする。

・進め方：「一緒に海外旅行に行く友達を見つけよう」という<u>目的達成</u>に向けて、What do you want to see? What do you want to eat? What do you want to buy? の表現を使用しながら、友達が行ってみたい国や地域に関する質問をする。

(1) 6人班を作り、それぞれの班に次の表7-3のグループA〜Dまでの12ヵ国のカードセットを配布する。6人は別々の国を選択し、1人ずつ4枚の情報カードを持つ。

(2) インタビューの最中に、自分が選んだ国の情報カードと同じ国の情報カードを持っている友達を見つけた場合、その国に一緒に旅行に行く旅仲間としてチームを組む。そして一緒に他の人にインタビューを続けて一緒の国に旅行したい友達の人数を増やしていく。同じ国だけでなく、グループ（大陸）が同じ場合も同様にチームとして加わることができる。

(3) しかし、別の国や大陸に属しているカードを持っていた場合は See you. Have a nice trip. と言い、別の友達にインタビューをする。

T: Please choose one country. Pick up four cards about the country. For example, I choose Canada. I pick up four cards. The cards are '① Let's go to Canada, ② I want to see the aurora, ③ I want to eat lobster, and ④ I want to buy maple syrup.' Look at Table 1（表7-3）. Stand up, please. Walk around. Let's interview and find your friends. If you can find a friend with the same country card or the same country group, you and the friend are on the same team. OK? Interview new classmates and find another friend.

Rule: Do not show your cards to your classmates. Do not ask for the country name. <u>Choose and use</u> the phrase 'What do you want to see? What do you want to eat? What do you want to buy?'

Please find your travel friends. How many friends can you find? Let's start.

S1: What do you want to see?

S2: I want to see the Taj Mahal.（インドなので、グループ A のアジア大陸グループになる）

S1: Me too.

S1&S2: What do you want to eat?（ここでは、児童が eat の質問を選択している場面）

S3: I want to eat curry.（同じグループの仲間に加わる）

S1&S2: Good. Let's go to India.

S1&S2&S3: What do you want to buy?（グループ全員でたずねる）

S4: I want to buy maple syrup.

S1&S2&S3: See you. Have a nice trip.（カナダなので同じグループではない）

S1&S2&S3: What do you want to buy?

S5: I want to buy mangoes.（同じ A グループなので、加わる）

S1&S2&S3&S5: What do you want to buy?（フリーライダー（何もしない児童）への対応として、one, two と声を合わせてから、グループのメンバー全員で質問するように指示する）

S6: I want to buy coffee.

S1&S2&S3&S5: Let's go to <u>Asia</u>.（S6 が持っているカードはベトナムであり、インドで

図 7-24　国ごとの情報カード

表7-3　大陸ごとの情報カード一覧

Group	Continent	Country
A	Asia	India, Vietnam, Korea
B	Europe	Italy, France, Germany
C	Africa	Egypt, Kenya, Nigeria
D	North America	Mexico, America, Canada

はない。しかし、A グループの Asia に属しているため、同じチームに加わることができる。India から Asia に言葉を変えている）

◎解説：世界中にはさまざまな国があるが、教師が目的や活動、児童数に応じて、あらかじめいくつかピックアップしておくことで、インタビュー活動を行いやすいように工夫する。この活動は、3 つの情報の中でどの質問をしようかなど、自分や旅仲間と相談して選択したり、答えたりする体験の場になるため、児童の会話する意欲も高まり、目的をもたせた活動を通してやり取りすることの楽しさを実感させることができる。質疑応答を繰り返すうちに旅仲間が増えていく様子がわかるので、英語のやり取りをゲームとして取り組むことができる。

◎児童への注意点：1）話し手は相手に分かりやすく、聞きやすく、相手とのタイミングを計って言葉のキャッチボールをすること。2）聞き手はうなずくなどの反応を返して相手の気持ちや考えを受容しながら聞こうとすること。3）グループの人数が増えたとしても全員で取り組めるように、one, two とグループのメンバー全員で声を合わせて言うように指示し、楽しみながら声を出す雰囲気を作ること。

⑫　調査　インタビュー活動 2「クラスで人気のある旅行先はどこだ？」

・内容：インタビュー活動 1（前述の⑪の修正版）

・インタビュー活動 1 の課題：

(1) 情報カードの準備に時間がかかること。

(2) 6 人グループで自分が行きたい国を選択するものの、同じ国に行きたい児童がいた場合にどちらかが譲らなければならなくなる。

・準備物：A3 のワークシート児童人数分。裏表にすべての国名とそこでしたいことの情報が書かれた写真付きの英文が書かれている。

・進め方：

(1) 児童は、自分が本当に行ってみたい国を選択して、ワークシートに〇印をつける。

(2) そのワークシートを持ちながらインタビュー活動を行い、旅仲間を見つける。（予想してから調査することで、質問する意味をよりもたせることができる）

(3) インタビュー後は、一番人数が多く集まったグループのトップ3（人気のある旅行先ベスト3の国）を発表する。

◎解説：表7-3には12ヵ国の例が載っているため、児童に自由に決めさせても面白いが、なかなか自分と同じ大陸に行く友達を見つけることが難しくなってしまうかもしれない。そうならないように、最初の調査では行き先を大陸ごとのグループA、Bから1つ選ぶように制限して、2回目ではグループC、Dから選択させるようにすると、仲間を見つけやすくなり、インタビュー調査も繰り返し行うことができる。

⑬　ロール・プレイング　旅行代理店へ行こう

・内容：旅行代理店役とお客さん役に分かれてやり取りを行う。

・準備物：旅行代理店のパンフレット（店頭用）（図7-25）、航空券（図7-26）、大陸ごとの情報カード一覧。⑪のインタビュー活動で使用した表7-3の大陸ごとの旅行代理店ブースを教室の四隅に用意し、旅行代理店の社員役グループを配置する。

・ねらい：基本表現のやり取りに慣れ親しむ。行きたい場所を尋ねたり、答えたりする。友達の名前をアルファベットで書き写す。

・進め方：（40人クラスの場合）

(1) 5人の旅行代理店の役のグループを4つ、5人のお客さん役のグループを4つ作る。

(2) 児童は途中で役割を交代し、全員が社員役とお客さん役の両方の役を経験する。

(3) お客さん役グループは行きたい旅行代理店ブースを選び、来店する。来店したら旅行代理店の社員役の児童に3つの国の中から行ってみたい国を1つ伝える。必ずグループ5人で一緒に行動し、伝える際も同時に声を合わせて言うようにする。

(4) 旅行代理店の社員役グループの児童も必ずグループ5人で一緒に接客する。その国でできることをお客さん役の児童に紹介し、最後に航空券を渡す。航空券にお客さん役の児童の名前と旅行先を書くときは、1人の児童が担当して、交代で行う。

旅行代理店：Welcome to Sebastian Travel Agency. Where do you want to go?

お客さん：I want to go to India. I want to see the Taj Mahal.

旅行代理店：Good choice! You can see the Taj Mahal. You can eat curry. You can buy mangoes.（図7-25を指さして相手に見せながら紹介する）

お客さん：That's nice.

旅行代理店：This is the airplane ticket.（図7-26の 'passenger' と 'to' の空所の部分をその場で記入して渡す）

お客さん：Thank you.

旅行代理店：Have a nice trip.

図7-25　旅行代理店のパンフレット（店頭用）

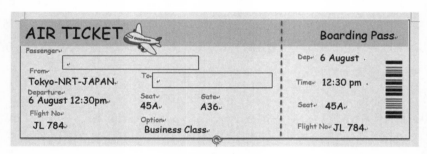

図7-26　航空券

◎解説：ここでは40人のクラスを想定しているが、各グループの人数は適宜調整してもらいたい。グループ単位ではあるが、児童自身に行きたい国を選択させ、旅行代理店に出向き、行きたい国についての情報を聞いてくるロール・プレイングの活動は、児童のやる気を引き出しやすく、楽しんで体験的に学ぶことができる。航空券やパンフレットも準備し、学習場面と現実社会の言語使用場面を類似させることが成功の秘訣である。

別バージョン：旅行代理店（2）の台詞の部分を変更し、やり取りの回数を増やすパターン。

旅行代理店（2）：It's a beautiful country. I will check it.（パソコンで調べているジェスチャーをする）Oh, sorry. It's sold out.（インドのパンフレットを裏返す）

お客さん：Oh, really? How about Korea? I want to see Seoul Tower.

⑭　ジグソー活動

・内容：グループやペアで協力して旅行先を決めてプレゼンテーションする。

・準備物：旅行代理店のパンフレット（店頭用）（図7-25）、持ち帰り用パンフレット（個人用）（図7-28）。メモ用ワークシート（図7-27）、旅行のしおり（図7-29）、振り返りカード（図7-30）。

・ねらい：さまざまな質問を用いて、グループで尋ね合う。友達と協力し、聞くこと、読むこと、話すこと、書くことの言語活動を通して、自分の考えや気持ちなどを伝え合う。

・進め方：

Step 1: Choose one continent

Make groups of four. I will give you memo worksheets. Look at table 1. Everyone, choose one continent.（活動例⑪で示した表7-3の大陸ごとの情報カード一覧をスライドに提示し、4人の児童がそれぞれ別の場所を選ぶ。この段階では、行きたい国ではなく、行きたい大陸を選択させる）

Step 2: Go to the continent

Look at the four corners of the classroom. There are some pamphlets. Please go to the different corners. For example, Taro goes to corner A. Sho goes to corner B. Hiroyuki goes to corner C. Junko goes to corner D.（図7-25の店頭用パンフレットのように、各A～Dのコーナーに大陸別の3ヵ国のパンフレットを置く）

Step 3: Choose one country

At the corner, you will meet 10 new students. Make pairs to help each other. Choose 1 country. Take notes about the country. Get one pamphlet. Back to your seat.（各コーナーには児童10名が集まってくる。そこでペアを組み、各コーナーに置かれている図7-25の店頭用パンフレットを見比べながら（3ヵ国分なので3枚ある）、書かれている内容について相談する。最終的に、それぞれが行きたい国を1つ決める。決まったら、図7-27のメモ用ワークシートに情報を書き写し、図7-28の持ち帰り用パンフレット（個人用）を各自持って元のグループに戻る）

Step 4: Report the country to your group

In each group, all four students report their countries. Talk and decide two countries that you want to go to.

Write down the information about those two countries on the worksheet.

（持ち帰り用パンフレット（個人用）を用いた Show and Tell をグループ内で行う。図7-29の旅行のしおりに行きたい国ベスト2の情報を書き写す）

Step 5: Presentation

Every group reports the two best countries to the whole class.（クラス全員に向けて最終

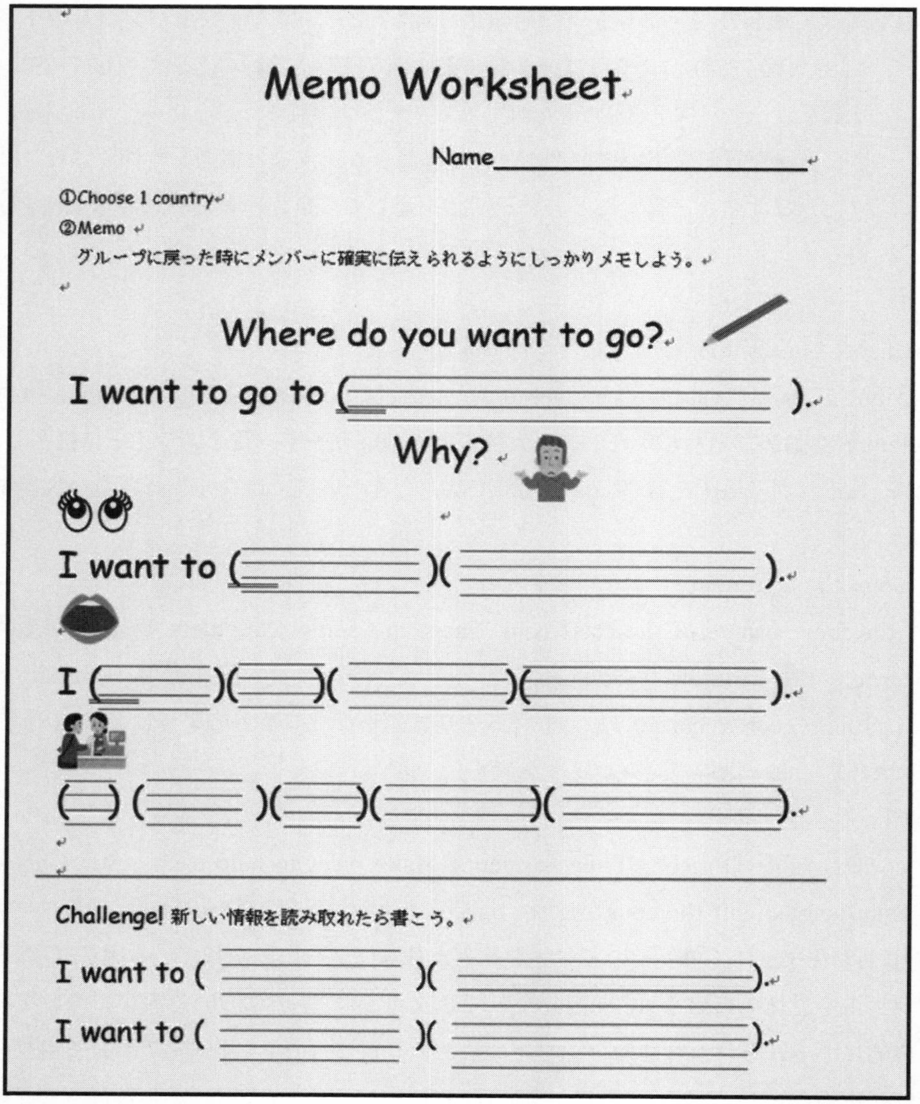

Memo Worksheet

Name_____

①Choose 1 country
②Memo
　グループに戻った時にメンバーに確実に伝えられるようにしっかりメモしよう。

Where do you want to go?

I want to go to (_____).

Why?

I want to (_____)(_____).

I (_____)(_____)(_____)(_____).

(____)(_____)(_____)(_____)(_____).

_____

Challenge! 新しい情報を読み取れたら書こう。

I want to (_____)(_____).

I want to (_____)(_____).

図 7-27　メモ用ワークシート

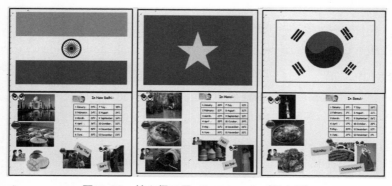

図 7-28　持ち帰り用パンフレット（個人用）

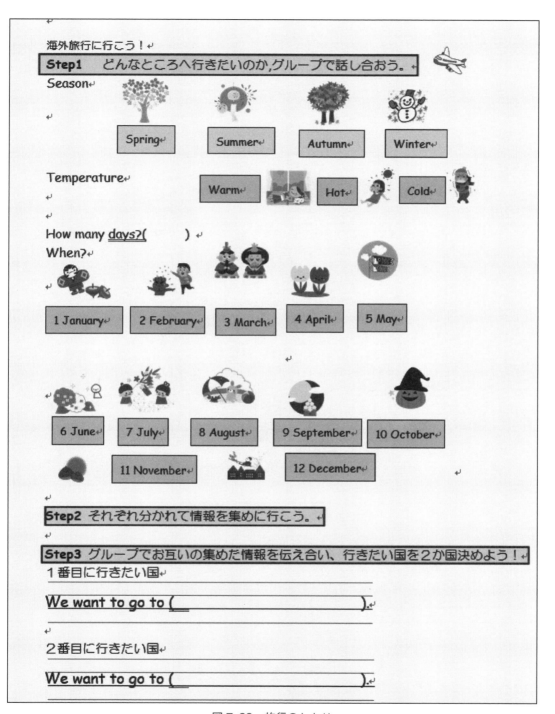

海外旅行に行こう！

Step1　どんなところへ行きたいのか,グループで話し合おう。

Season

| Spring | Summer | Autumn | Winter |

Temperature

| Warm | | Hot | Cold |

How many <u>days?</u>(　　　　)
When?

| 1 January | 2 February | 3 March | 4 April | 5 May |

| 6 June | 7 July | 8 August | 9 September | 10 October |

| 11 November | | 12 December |

Step2 それぞれ分かれて情報を集めに行こう。

Step3 グループでお互いの集めた情報を伝え合い、行きたい国を2か国決めよう！

1番目に行きたい国

We want to go to (_____).

2番目に行きたい国

We want to go to (_____).

図 7-29　旅行のしおり

Review Card

Name

July 17th Tuesday

色々な国の情報を集めよう。

1	国名やその国でできることを正確にワークシートに書き写すことができた。	よくできた (^▽^)	できた (^^)	できなかった (>_<,)
2	理由を考えながら、一番行きたい国を決めることができた。	よくできた (^▽^)	できた (^^)	できなかった (>_<,)
3	同じ大陸の友だちに自分から進んで声をかけ、協力して情報を集めることができた。	よくできた (^▽^)	できた (^^)	できなかった (>_<,)

グループで行きたい国を決めよう。

1	ワークシートに書き写した情報をジェスチャーを使って正しい文章や発音で伝えることができた。	よくできた (^▽^)	できた (^^)	できなかった (>_<,)
2	ワークシートを見て、なぜその国を選んだのか、理由を考えながらグループのみんなに伝えることができた。	よくできた (^▽^)	できた (^^)	できなかった (>_<,)
3	自分から進んで、グループで行きたい国を決める話し合いができた。	よくできた (^▽^)	できた (^^)	できなかった (>_<,)

今日の活動で楽しかったこと・気がついたこと（友だちの良いところ、新しい発見など）

_____

_____

_____

図 7-30　振り返りカード

的に行きたい 2 か国を 4 人で一緒に発表する）

　Step 6: Reflection

　Reflect on the activity. Write your comments.（活動後は、図 7-30 の振り返りカードに記入する）

　◎解説：「海外旅行先を決定しよう」という目的達成に向けて、4 人グループや Step 3 の新

しいペアで相談しながら行きたい国を決める活動のため、英語に触れる時間が多くなる。楽しみながら取り組めるように、旅のしおりや旅行パンフレットも用意するとリアルさが出てきて意欲の向上につながる。この活動は、聞くこと、話すことに加え、読むこと、書くことも取り入れている。ワークシートに英文を書き写す表現は、これまでに繰り返し学習し、慣れ親しんできた表現である。

　さらに、英文ではなく単語と写真だけで書いてある情報も加え、適切な単語を考えて書けるような challenge の欄を設ける（図 7-25 の店頭用パンフレット中央の Chai tea や Sari の部分や、図 7-27 のメモ用ワークシートの下の部分）ことで、行きたい国が決定し、ワークシートに早く書き写し終えた児童も飽きずに取り組める。元のグループに戻ってきて、他の 3 人にその情報を伝える際に、自分が書いたワークシートを見ながら伝えるのだが、それだけでは文字だけをみて英語を言うことになり、聞いている友達が理解できない可能性がある。

　そこで、書き写した後に国旗や建物、食べ物、お土産など写真だけの情報が書いてある持ち帰り用パンフレットを持って帰らせると、それを見せながら効果的に発表できる。全体で発表する際に用いる旅のしおりは、これまで学習してきた季節、気候、日数、時期なども取り入れ、実際の旅行計画にできるだけ近くなるように工夫する。ジグソー活動の利点は、聞く・話す活動だけでなく、これまで慣れ親しんだ表現を用いて読む活動や、書き写す活動も取り入れることができることである。教科となった今、高学年では技能統合型指導にもどんどん挑戦してもらいたい。

　ここまで、聞くこと、話すことの活動例を具体的に紹介してきた。特に、高学年を対象とした活動例では、1 つのユニットを例に、一貫した内容で活動の展開の仕方を載せた。聞く、話す活動は独立して行うのではなく、常に一緒に行われるということを念頭に、逆向き設計で単元計画を考えることが重要である。最後に設定する目標に向けて、毎時間の授業が繋がりを持てるような授業を計画しよう。

（本章で紹介したいくつかの活動は、小林（2019a）の実践報告を参考にしている。さらに、2018 年 7 月に東京都小平市教育委員会主催の小学校英語部会の研修会で実践した内容を加筆修正したものであり、その時の授業者であった吹越奈央教諭と一緒に考えた指導案をベースにしている。）

（小林　翔）

第8章　読む・書く活動

本章で学習すること
・文字言語にどのように出会わせるか
・読み書き活動への慣れ親しませ方
・読み書き活動の展開の仕方
・文字を使ったコミュニケーション活動の仕方

1.　中学年において文字言語にどのように出会わせるか

　3、4年生を対象とした外国語活動は、聞くこと・話すことを中心とした活動が中心であり、文字の扱いはきわめて限定的である。学習指導要領の具体的目標の1つに「文字の読み方が発音されるのを聞いた際に、どの文字であるかが分かるようにする」（文部科学省、2018a、p.20）がある。この目標に関して、文字とは活字体の大文字・小文字であり、その名称の読み方が発音されるのを聞いた時に、どの文字であるかを認識できることを述べている。

　例えば、「エィ」と発音された時、アルファベットのAあるいはaと結びつけることである。ただ、アルファベットの文字の書き方を明示的に指導したり、アルファベット順に文字を暗記させるのではないとも学習指導要領は述べている。あくまで、児童の身の回りにある文字を活用して、体験的にアルファベットの文字とその名称の読み方を一致させるような活動が大切であると述べている。アルファベットの活字体の大文字・小文字を何度も機械的に繰り返して発音して書かせたりすることで、児童の英語学習に対する興味・関心を失わせることのないようにとの意図があるように思われる。

　具体的な活動例として、発音された順に文字カードを並べ替えたりする活動などを挙げている（同書、p.31）。英語の発音と綴りとの関係、つまりフォニックス（英語の発音と綴りの間には一定の規則性があり、その規則性を教える指導法）を扱うことは、旧学習指導要領（文部科学省、2008）同様に、児童に対して過度な負担を強いることになるので、不適切であると述べている（文部科学省、2018a、p.50）。

2.　高学年における文字活動

　外国語科では小学校中学年で実施される外国語活動にはない「読むこと」「書くこと」が新たに加えられ、教科型学習が実施され、中学校英語科への接続を図ることが求められる。しかし、中学年の外国語活動では、英語の読み書き指導は基本的に行わないため、外国語科ではま

ずは読み書きに慣れ親しむことから指導する必要がある。さらに、「読むこと」「書くこと」の指導すべき内容の順序のようなものを次のように具体的に示している。

① 英語のアルファベット文字の名称の読み方を活字体の文字と結びつけること。
② 文字の名称を発音すること。
③ 四線上に文字を書くことができるようにすること。
④ 音声で十分に慣れ親しんだ簡単な語句や表現について、語順を意識しながら書き写すことができるようにすること。
⑤ 自分のことや身近で簡単な事柄について、例文を参考に書くことができるようにすること。

（文部科学省、2018a、pp.70-71）

　上記の③～⑤は書くことに関する内容であるが、読むことに関しても「音声で十分に慣れ親しんだ外国語の語彙や基本的な表現を推測しながら」（文部科学省、2018a、p.71）読むことを目標としている。これまで聞いたことがない、あるいは一度も口にしたことがない英語表現を読むことは想定されていない。③の文字を書く際、いわゆるドリル学習のような機械的な、単調な学習にならないようにすることが大切であると述べている（同書、p.111）。

考えてみよう・やってみよう
(1) 体験的にアルファベットの文字に慣れ親しむとは、具体的にどのような活動を言うのだろうか。

３．アルファベット文字に慣れ親しむための具体的な活動例

　文字の導入ということで、アルファベットの大文字から A, A, A, B, B, B のように４線ノートに書く練習もあるが、それ以前に音声で十分にその文字に慣れ親しむ必要がある。そのため

の具体的な活動をいくつか紹介する。いずれもアルファベット文字を書くものではなく、その前段階の活動である。教室では、適宜、それらの活動を組み合わせて行いたい。

① アルファベット・ソングを聞く活動

・内容：アルファベット・ソングを聞いて、どこでポーズ（休止）を置くのかについてグループで話し合う。

・準備物：アルファベット・ソングの曲。歌と同時に文字も示されるデジタル教材がよい。

・ねらい：アルファベット文字を書く以前に、アルファベット文字の名称の発音に慣れ親しませる。

・進め方：アルファベット・ソングを聞いて、どこでポーズを置くのかについてペアで考える。

T: Now, listen to the alphabet song. Where do you make pauses in the song?

考えてみよう・やってみよう

(2) アルファベット・ソングを聞いて、どこでポーズを置くのかを話し合ってみよう。その理由についても考えてみよう。

② アルファベット・ソングを聞いて反応する活動

・内容：アルファベット・ソングを聞いて、身体で反応する活動。

・準備物：アルファベット・ソングの曲。児童1人当たり3枚程度のアルファベット文字カード（文字は何でもよい）。30人クラスの場合、アルファベットの文字26枚、4セット程度（26×4、大文字2セット、小文字2セット）。

・ねらい：アルファベット文字の名称と音を結びつけることに慣れ親しませる。

・進め方：

(1) 児童1人当たり3枚程度のアルファベット文字カードを配布する。

(2) 各自、その文字を確認する。

(3) 児童はアルファベット・ソングを聞いて、該当の文字を聞いたら挙手するか、立ち上がる。

T（アルファベットカードを配布してから）: How many cards do you have? Do you have three cards? OK? Do you know your letters? Do you have an A? Raise your hand? Do you have a B? Do you have a P? a Y? Now, listen to the song. When you hear your letter, raise your hand. OK? Let's start.

③　消えたアルファベット文字探し活動（ミッシング・ゲーム）

・内容：黒板にアルファベット文字カードを順序良く貼っていき、その後、数枚をはがし、その文字を当てる。

・準備物：アルファベット文字カード 1 セット（A5 サイズ程度 26 枚）。

・ねらい：アルファベット文字に慣れ親しませる。

・進め方：

(1) アルファベット文字 A から Z（または小文字 a から z）まで、皆で発音しながら、1 枚ずつ黒板に貼っていく（全部でなくても、P ぐらいまででもよい）。

(2) 児童に目を閉じさせる。

(3) アルファベット・カードを 1 枚はがす。

　T: All together. A, B, C...P.　Very good.

　　Now, close your eyes. OK?'

　T: Open your eyes. What's missing? What letter is missing? Any volunteers?

◎慣れてきたら、2 〜 3 枚程度取る。また、A 〜 Z（a 〜 z）26 文字全部を利用してもよい。

◎応用編として、月の名前（January 〜 December）を利用して、同様の活動ができる。

④　アルファベット文字並び替え活動

・内容：アルファベット・ソングを聞きながらに、バラバラになっているアルファベットの大文字（小文字）を並び替える活動。曲が終わるまでに、並び替えるような目標を立てるとよい。ペアでやると協力しながらできる。

・準備物：アルファベット・ソングの曲。児童 2 人あたりアルファベット文字カード 1 セット（小さめのカード 26 枚）。

・ねらい：アルファベット文字に慣れ親しませる。

・進め方：

(1) ペアになる。T: Make pairs.

(2) 机の上にアルファベット・カードをバラバラに置く。

　T: Spread the cards out on the desk, face up.

(3) アルファベット・ソングを聞きながら、順序よくカードを協力して並べる。

　T: Listen to the song and put the cards in order. Are you ready?

D Z Q P M C X B J Y K L O A T
H I W E G F N R U S V

⑤　アルファベット・ソングを歌う活動

・内容：アルファベット・ソングを歌う際に、いくつかの文字は手を叩く。

・準備物：アルファベット・ソングの曲。アルファベット文字カード1セット（A5サイズ
　　　　　程度26枚）。

・ねらい：アルファベット文字および名称読みに慣れ親しませる。

・進め方：

(1)　アルファベット文字AからZ（または小文字aからz）まで、皆で発音しながら、1枚
　　ずつ黒板に貼っていく。T: All together. A, B, C...Z.

(2)　一緒に歌う。T: Let's sing the alphabet song together.

(3)　黒板からアルファベット文字を数枚取る。例えば、D, I, L, P, X。そこは手を叩く。

　T: See the blackboard. What's missing? D, I, L, P, and X. Clap your hands. You don't
　　say these letters. OK? Let's sing the song again.

⑥　ポインティング・ゲーム

・内容：紙面（あるいは写真）の絵の中にある（隠れている）アルファベットの文字を指差
　　　　す活動。ペアで活動する場合、どちらが早くその文字を見つけられるかと競い合う
　　　　活動もあるが、協力し合って文字をさがすとよい。

・準備物：写真等（大き目なものがよい）。

・ねらい：アルファベット文字とその名称読みに慣れ親しむ。

・進め方：

　T: Look at the picture. What's this? Yes, it's a convenience store. Is this a store in
　　Japan? Please guess. It's in＿＿＿＿＿. First, point at number 7. How many 7's?
　　Next, point at E. How many E's? One, two, three.

図8-1　コンビニの写真

Point at L. Point at V. Point at N.（The letter is a small letter, not a capita letter.）
This is a 7-11.

⑦　アルファベット文字をつなぐ活動

・内容：アルファベットの文字の名称の発音を聞いて、指差すのでなく、線でつなぐ。聞こ
　　　　えた発音を線で結ぶと、数字、文字、動物などがうかびあがる。

・準備物：図 8-2 のようなアルファベット文字が並んでいるカード（児童の人数分）。

・進め方：指導者がアルファベット文字を１つずつ発音する。

　T: Look at the starting point. OK?

　　Next, X. You draw a line
　　from R to X. Next, Y. Draw a
　　line from X to Y.
　　（これを続けると、文字がうか
　　びあがる）
　　What is this letter? R. OK?

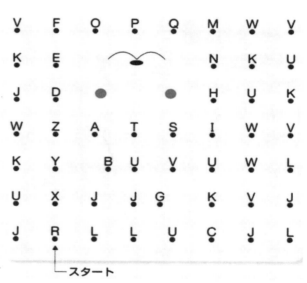

図 8-2　アルファベット文字つなぎ
（『Hi, friends! 1』、文部科学省、2012、p.24 より）

⑧　キーボード・タッチング・ゲーム

・内容：コンピューターのキーボードを紙面に写したものを利用したポインティング・ゲー
　　　　ムである。児童は指導者の発音を聞いて、指１本（例えば、人差し指）で、該当の
　　　　キーをタッチする。Ａから順序よくやってもよいし、Ｊのように途中から開始して
　　　　もよい。アルファベット文字や数字だけでなく、「Enter」「Shift」のようなキーを
　　　　発音してもよいし、スピードや声の音量を適宜、変化させることができる。

・準備物：図 8-3 のようなキーボードのイラスト（児童の人数分）。

・ねらい：アルファベット文字、数字などの英語音声に慣れ親しませる。

・進め方：

(1) キーボードのイラストを配布する（図8-3）。

(2) 英語が聞こえたら、その文字、数字などを指一本で指し示すように言う。

　T: Please use one finger. When you hear a letter or a number in English, point at the letter or the number. Again, use one finger.

　Are you ready? T, I, L, 7,…

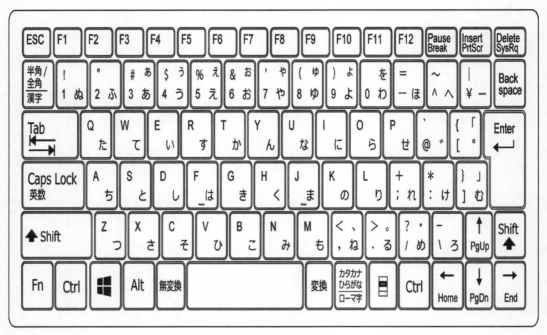

図8-3　キーボード

⑨　アルファベットお絵かき活動

・内容：児童に好きなアルファベット文字を1つあるいは2つ選ばせ、それを利用したお絵かき活動。できた作品を教室内に掲示してもよい。

・準備物：A4サイズ等の画用紙（児童の人数分）、色鉛筆、マジック等。

・ねらい：アルファベット文字に慣れ親しませる。

・進め方

(1) 児童に画用紙1枚を配布する。

(2) 児童に例を示す（図8-4）。

(3) 好きなアルファベット文字を1つ、または2つ選ばせる。大文字でも小文字でもよい。

　T: Choose one or two letters you like. Your favorite

図8-4　アルファベット文字お絵かき

letters. One or two letters. Draw your favorite picture.

⑩　アルファベットの文字分類活動
・内容：文字の特徴によって、アルファベット文字を分類する。
・準備物：以下の（a）〜（f）が書いてあるワークシート、あるいは、パワーポイントとスライド。
・ねらい：アルファベット文字に慣れ親しませる。
・進め方：
　T: Look at the letters. それぞれ、どんな仲間の文字でしょう。他には、どんな文字がありますか。

　　　　　　　　　　　　　　　　　　　　　他のアルファベット文字

（a）A　H　I　M　O　T
（どんな仲間？）
（　　　　　　　　　　　　　）

（b）B　C　D　E　K　H　I　O
（どんな仲間？）
（　　　　　　　　　　　　　）

（c）B　C　D　G　J　O　P　Q
（どんな仲間？）
（　　　　　　　　　　　　　）

（d）A　F　H　L　M　N
（どんな仲間？）
（　　　　　　　　　　　　　）

（e）y　q　j　g
（どんな仲間？）
（　　　　　　　　　　　　　）

（f）h　b　d　f　k
（どんな仲間？）
（　　　　　　　　　　　　　）

考えてみよう・やってみよう

(3) 上記以外のアルファベット文字（大文字・小文字）の分類方法を考えてみよう。

```



```

(g) 次の文字から英語のアルファベット文字に〇印をつけてみよう。

T: Look at the letters. You see many letters. Which are English alphabet letters? Circle the letters.

Ａ　Ｃ　Δ　Я　Λ　Ｄ　Ａ　Ψ　Ω　Ｆ　Ђ　Ｂ　Θ　Є　Ｅ

(h) 例にならって、1段目の大文字と2段目の小文字を線で結び付けてみよう。

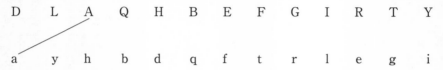

D　L　A　Q　H　B　E　F　G　I　R　T　Y

a　y　h　b　d　q　f　t　r　l　e　g　i

⑪　アルファベット文字探し活動

・内容：自分の身の回りのもの（筆入れ、服など）あるいは教室内から、アルファベット文字を、制限時間内にできるだけ多く見つける。

・準備物：ワークシート。

・ねらい：アルファベット文字に慣れ親しませる。

・進め方：

　　　　筆入れ、服、教室内にある物からアルファベット文字を、制限時間内（5分程度）で探すように指示をし、その文字をワークシートに写させる。今回はペンケースを見てみる。

T: Take out your pencil case. Find alphabet letters in the pencil case. Please copy the letters in your worksheet. 見つからなかった人は、友達の服でもいいよ。あるいは教室内にある物でもいいよ。ワークシートに写してね。How many letters did you find?

考えてみよう・やってみよう

（4）実際に、身の回りのものからアルファベット文字を探してみよう。

⑫　単語探し活動

・内容：動物、色など聞き慣れた単語を探す。

・準備：図8-6のようなアルファベット文字に単語が隠れているカード。

・ねらい：個々の文字から単語へ発展させ、単語に慣れ親しませる。

・進め方：

（1）まず、パワーポイント等で犬の絵の一部（図8-5）
　　だけを見せて、何の動物であるかを当てさせる。

　　T: Look at the picture.

　　　　It's an animal. Please guess.

　　　　What's this?

図8-5　Dog

（2）次に、空所に1文字入れて単語を完成させる。（　　）og.

（3）以下のような図から 'dog' をいくつ見つけることができるかを、ペア等で行う。

　　How many dogs? （　　　　　）dogs.（数字を入れてみよう）

How many dogs?

l	n	b	c	d	o	g
d	o	g	f	o	a	t
f	m	d	o	g	g	i
g	e	q	o	h	y	d
d	o	g	p	g	r	o
e	n	a	h	d	o	g

図8-6　単語さがしカード

⑬　英単語つづり完成活動

・内容：教師の英単語の発音を聞いて、そのつづりをグループ活動で完成させる。

・準備物：1班に、アルファベット（小文字）のカード10数枚程度。例えば、母音字ⓐ, ⓞ, ⓔ, ⓘ, ⓤ, 子音字ⓑ, ⓒ, ⓓ, ⓖ, ⓚ, ⓛ, ⓟ, ⓝ, ⓡなどのカード。A4サイズ程度。

・ねらい：聞き慣れた英単語の文字（つづり）に慣れ親しむ。

・進め方：

(1)　教師が単語1つを発音する。

(2)　グループで相談し、児童はアルファベットカード（1人あたり1枚）をもって前へ出てきて、つづり順に整列する。

(3)　その単語を発音する。

　　T: Are you ready?　'red, red, red.'

　　Ss:（できた班は前に出てくる）（並んで）'red.'

　　T: That's right. Very good. Class, all together, 'red.'

　　Ss: 'Red'.

　　T: Good. Let's give Group C a big hand. Go back to your seat.
　　　　Next. Are you ready?　'black, black.'

⑭　なぞり活動

・内容：十分にアルファベットの音声に慣れ親しんでから、アルファベット文字をなぞる活動をする。

・準備物：なぞりカード（児童人数分）。

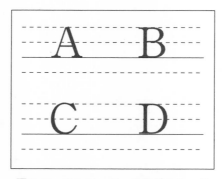

図8-7　アルファベットなぞりカード

・進め方：

　・図8-7を好きな色でなぞるように言う。隣に今なぞった文字を写すように言う。

　・児童のペースでなぞるように言う。

4. 読み書き活動の展開

学習指導要領の中から、読み書き活動の具体的例を挙げる。

（1）読むことの活動（文部科学省、2018a、pp.103-105）

① 自分の名前のアルファベット読み活動

・内容：自己紹介の場面で、'My name is Haruna. H[eitʃ], a[ei], r[aːr]…' のように、児童が自分の名前の綴りのアルファベットの名称を発音する。

・準備物：自分の名前をアルファベットで書いた用紙。

・ねらい：自分の名前のアルファベットの名称読みに慣れ親しむ。

考えてみよう・やってみよう

（5）自分の名前（姓あるいは名前）を、上にならって相手に紹介してみよう。やってみて、気づいたことを話し合ってみよう。

② アルファベットの音読み活動

・内容：アルファベットには、その名称読み以外に音読みもあることに気付かせ、その音で始まる単語を話し合う。

・準備物：つづりが書いてある絵カード。

・ねらい：アルファベットには、その名称読み以外に音読みもあることに気付かせる。

・進め方：

（1）T: Look at this number.

What's this number?

```
10

ten
```

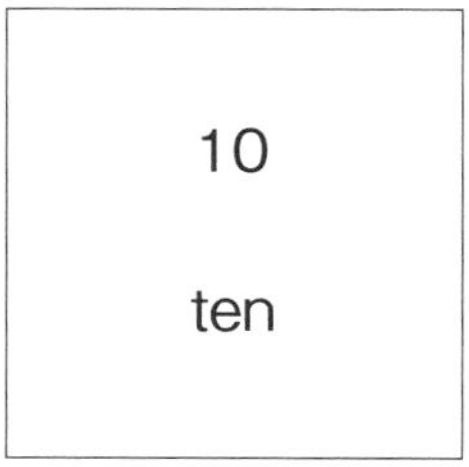

図 8-8　数字カード

（2）T: 最初のアルファベット文字はなんと読む？ What is the first letter?

「ティー」だけど、実際はなんと発音している？ [t] だね。

[t] の音で始まる英単語を、ペアで考えてみよう。

③　絵本の読み聞かせ活動での文字探し

・内容：大きな絵本の読み聞かせをしている最中に、英単語を見つけさせる。

・準備物：読み聞かせ用の大きな絵本（文字がついているもの）または、デジタル絵本。

・ねらい：音声で十分慣れ親しんだ文字を見つけさせる。

・進め方：

　　　　'What color is this?' と児童に質問し、'Yes! It's red. Red. Where is red?' と言いながら、本文中から該当の単語を見つけさせる。

（2）**書くことの活動**（文部科学省、2018a、pp.110-113.）

①　活字体の大文字、小文字を書く活動

・内容：文字の読み方（名称）が発音されるのを聞いて、例えば、学級担任の先生の名前、T[tiː], A[ei], N[en], A[ei], K[kei], A[ei]を聞いて、大文字で書く。

・準備物：アルファベットカード。

・ねらい：文字の読み方（名称）を聞いて、文字が書けるようにする。

・進め方：

　　(1)　最初は[tiː]。（確認用として、T（カード）を黒板に貼る）

　　(2)　次は、[ei]。（確認用として、A（カード）を黒板に貼る）

　　(3)　あと4つを同様にする。

②　簡単な語句を書き写す活動

・内容：音声で十分に慣れ親しんだ簡単な語（単語レベル）を書き写す。例えば、自分が行ってみたい国の名前の音声に十分慣れ親しんだ後、その国名の語を見ながら写す。

・準備物：絵カード（国旗とつづりが書いてある）、ワークシート（図8-9を参照）。

・ねらい：音声で十分慣れ親しんだ語を文字に結びつけさせる。

・進め方：

　　(1)　以下のようなやり取りに音声で十分慣れ親しむ。

　　　　'Where do you want to go? I want to go to Singapore.'

　　(2)　自分の行きたい国を1つ選んで、空所に書いてみる。今回は行きたい国のつづりを見ながら写してみる（いろいろな国旗・名前の絵カードを事前に黒板に貼っておく）。

```
Where do you want to go?
          I want to go to  (          ).
```

図8-9　書き写しワークシート（1）

◎単語レベルの次は、語句（複数の単語）を写してみる。

③　基本的表現を書き写す活動
　・内容：語句を一歩進めて、音声で十分に慣れ親しんだ基本的表現を書き写す。
　・準備物：ワークシート（図8-10 を参照）。
　・ねらい：音声で十分慣れ親しんだ 基本的表現を文字と結びつけさせる。
　・進め方：
　　（1）'We study English on Monday and Wednesday.' のような表現に十分慣れ親しむ。
　　（2）ワークシート（図8-10）を使用し、空所に教科書等にある例文を見ながら書き写す。

（　　　　　）（　　　　　　　） English on Monday and （　　　　　　　　　　）.

図8-10　書き写しワークシート（2）

◎慣れてきたら、写す基本的表現を、少しずつ増やしてみる。

④　自己紹介カード作成
　・内容：自己紹介をする目的を持って、自己紹介カードを作成する。
　・準備：A4 または B5 サイズ等の用紙（児童の人数分）。
　・ねらい：音声で十分慣れ親しんだアルファベット文字や語句を文字と結びつけさせる。
　・進め方：
　（1）用紙を上下に分ける。上半分には、自分の好きなアルファベット2〜3文字を利用して
　　　お絵かきする（上記3-⑨「アルファベットお絵かき活動」を参照）
　（2）下半分には、自分の名前（ヘボン式、
　　　p.147）、誕生日、好きなスポーツ・動物・色・
　　　教科等を、例を見ながら英語で書く。
　（3）グループ内で、カードを示しながら発表を
　　　する。話す・聞く活動と連携できる。

　　　Hello!
　　　My name is 〜 .
　　　My birthday is 〜 .
　　　I like 〜 . I like 〜 .
　　　Thank you.

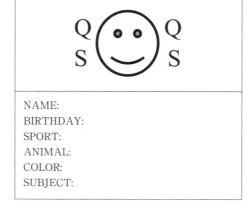

NAME:
BIRTHDAY:
SPORT:
ANIMAL:
COLOR:
SUBJECT:

図8-11　自己紹介カード

◎自己紹介で用いた英文をすべて書くと、それを読んで自己紹介をすることにつながり、本来の聞くこと・話すことの活動ではなくなる懸念がある。自己紹介カードは単語のみを書いた方がよいと思われる。自己紹介活動が終了し、まとめの段階で、自己紹介で言った英文を書いてみることは、すでに音声で十分慣れ親しんでいるので適切である。この活動のバリエーションとして、小さい名刺カードを作成し、自己紹介をしながら、友達と交換し合う活動も考えられる。

◎図 8-9 ～図 8-11 のワークシートには、便宜上 4 線が付いていない。教室で使用する際は、4 線が付いているワークシートを用いた方が児童に分かりやすい。ただ、4 線にきちんと文字を書けることにこだわる必要はなく、見てわかればよいものとする。

　以上、学習指導要領を中心に書くことの活動例をいくつか取り上げたが、小学校英語の書くことの活動は、相当限定的であることがわかる。アルファベットの大文字、小文字の名称を聞いて、何も見ないで書くことができるようにする、語句や文を書く際は、書き写す、そして提示された例を見ながら、自分の考え・気持ちを表現してみる。その理由は、読むこと、書くことは 5、6 年生で初めて体験するので、読むこと、書くことにまずは慣れ親しませることが大切である。何も見ないで、自分の考えや気持ちを英語で書いて表現することは、中学校英語科で徐々に行うものと認識してほしい。

（猪井　新一）

第9章　チャンツと歌の指導

本章で学習すること
・チャンツ・歌の利点
・歌の有効性
・チャンツ指導について
・歌教材について

音楽や歌が嫌いな人を探すのは難しいだろう。もちろん、好きなジャンルについては世代によっても個人によってもさまざまである。小学生ではもちろん童謡を歌うことにまだ躊躇はないが、中学年にもなると、いわゆるヒット曲やポピュラー音楽がどんどん好きになるようである。高学年にもなればなおさらである。全般に小学生は歌を歌うことに関しては抵抗は少ないだろう。

一方、中学・高校と年齢が上がると、歌を歌うことへの抵抗も上がってくる。この章で扱うもう1つ、チャンツはメロディーのないリズムと歌詞のみの歌のことを指す。今でいうラップとほぼ同義と考えてよい。チャンツであれば、中学・高校・大学でも抵抗なく喜んで歌ってくれる。つまり英語授業でのチャンツ・歌は、幅広い年齢で利用できる重要な教材である。英語授業での歌の利用法はもちろん鑑賞ではなく、歌う活動である。歌は簡単な活動だけに、上手に使っていきたい。チャンツ・歌の利用には次の利点がまず考えられる。

1. チャンツ・歌の利点
・教材準備があまりいらない。ただし、歌を選ぶこと、発音や意味などを確認しておくことは重要である。
・児童の興味関心が高まる。面白い曲、皆が知っている曲は、休み時間に児童が勝手に歌ってくれる。歌詞に興味を持つことは言語学習を進める上でも重要だ。歌やチャンツはそれを可能にする。また当然ながら、外国語の歌は異文化への扉であり、異なる文化への興味関心をかきたてることになろう。
・聞いた単語やフレーズをまとめて覚える可能性がある（偶発的学習）。これは、教師側が強制して覚えるのではなく、みんなで歌いながら覚えていく。ただし、それには繰り返し歌うことが必須である。
・インプットを増やすことができる。第4章で述べたとおり、インプットは言語習得に重要

な条件である。特に歌では、意味のある（ない場合もあるが）、まとまりのある歌詞に音声から触れることになる。

・アウトプットの機会を作ることができる。特にチャンツで覚えた表現をそのまま、言語活動に使うことができたりする。チャンツを通して表現を練習することで、無理な暗記を回避してみなで楽しく覚えることができる（後述）。

2. 歌（音楽）の有効性

歌・音楽の研究による、言語学習への有効性は少なくとも下記のようなものがある[1]。

・言語パターン認識・脳の機能向上：乳児（9か月）による最近の研究では、歌に合わせてリズムをとるだけで、脳の発話パターンの認識が向上するという結果が明らかになっている。また、音楽家を被検者にした関連する脳研究では、音楽トレーニングにより脳の高速の聴覚情報処理の機能が高まり、それが言語関連の脳領域の活動を向上させる可能性があるという。

・不安の解消・やる気の向上：中学生の外国語学習の研究では、不安が高い学習者の不安が減少したと報告されている。同様に、学習者のやる気が向上したことも報告されている。

・語彙の習得：特に認識語彙（聞いたり、読んだりして意味がわかる）の向上が歌を利用した複数の研究で報告されている。人工言語を使った別の研究では、メロディがあることで語の認識力が高まったという。メロディが語を覚えることを促進していると考えられる。

・読む力の向上：母語での研究であるが、幼児期に歌を多く覚えていると、小学校段階での読む力が高いことがわかっている。別の母語の研究でもリズムやメロディなどの音楽関連のスキルが高いほうが、読む力が高いことも報告されている。これは上記の聴覚情報処理の機能向上により説明ができるとされている。

・発音の向上：少なくとも1つの調査では、音楽スキルが高い日本人学習者（成人）のほうが、英語の発音がよいことが明らかになっている。

もちろんこの研究結果は一定の期間繰り返し行った結果、あるいはトレーニングの結果として得られたものである。つまりそのような効果を期待するのであれば数回の歌う活動ではなく継続的な利用が望まれる。また、音楽を聴くだけではなく、歌うことこそが言語スキルの向上に役だつとする研究結果も得られている。小学校の外国語授業では聞くだけというのはありえ

---

1 以下のような研究がそれぞれの領域で結果を提示している。言語パターン認識は Zhao & Kuhl（2016）。脳機能については Tallal & Gaab（2006）; Patel & Iversen（2007）。不安については Dolean（2016）、やる気および語彙習得については関連文献を概観した Davis（2017）。人工言語による研究は Schön et al.（2008）。読むこととの関連は Bryant, Maclean, & Crossland（1989）や Anvari, Trainor, Woodside, & Levy（2002）など。発音については Slevc & Miyake（2006）。聞くだけでなく歌うほうがいいことについては外国語では Fisher（2001）、母語では Schellenberg & Winner（2011）。音楽と言語が同一起源である説は Brown（2001）より。

ないので、この点に関しては心配はないだろう。また、このような歌・音楽と言語の一見不思議な関係があまり驚くことではない理由として、もともと両者は同じものであったが、人類の進化の過程で分離したとする説がある。チャンツやラップなどはまさにことばと歌の中間で、橋渡しをするような存在であるので、個人的にはその説を信じたくなる。

（齋藤　英敏）

3. チャンツの指導

1）英語の強勢

　チャンツとは、英語の単語や文を一定のリズムに乗せて声にだすことであり、メロディーのない歌のようである。英語のリズムを身に付けさせたり、単調になりがちな発音練習を飽きさせない上で、有効な手段と言われている。さて、チャンツ指導とは、いったいどのようなものを思い浮かべるだろうか。英語の音声を、とにかく手を叩きながら発音することがチャンツ指導になるのであろうか。実は、どのようなリズムに乗って、どの音を強く言うかについては、英語の音声、とりわけリズムについて理論的背景があり、それを知る必要がある。

　英語は強弱リズム言語と言われる。2音節以上の語には必ず1つの音節に強勢（ストレス）が置かれる。音節とは、便宜上「音の聞こえの最小のまとまり」としておく（三宅川・増山、1986）。例えば、日本語では「マクドナルド」は音の聞こえのまとまりが6つあり、6音節となる。一方、英語では 'Mac-don-ald' のように3つの音節となる。 この3つの音節のうち、どの音節に強勢が置かれるのだろうか。この語は、2番目の音節 '-don-' に強勢を置いて発音する必要がある。強勢を置く音節を強音節、強勢を置かない音節を弱音節という。強音節の音声的な特徴は、はっきり、長めに、強く発音される傾向にあり、一方、弱音節は多少、短めに、速く、弱く発音される傾向にある。言い換えると、弱音節は鮮明に聞こえない傾向がある。

　日本語は、強勢（ストレス）アクセントではなく、高さ（pitch）アクセントと言われる。どの音を強く発音するかでなく、どの音を高く発音するかによって、意味が決まる。例えば、雨（**あ**め）と飴（あ**め**）のように高い音節の位置が異なる。英語は高さアクセントではなく、強勢アクセントであるが、強音節は結果として、音が高くなる傾向にはある。

　英語には上述したように、語には強く発音する音節、つまり語強勢があるが、文レベルでの強勢（文強勢）もある。文強勢とは、文のうちどの語を強く発音するかということである。基本的には、内容的に重要な語（内容語）には強勢を置き、内容的にはさほど意味はないが文法的な役割を果たす語（機能語）は強勢を置かない傾向にある。内容語の品詞は、名詞（teacher, English など）、動詞（eat, like など）、形容詞（big, hot など）、副詞（really, almost など）、疑問詞（what, where など）などであり、機能語の品詞は冠詞（a, an, the）、人称代名詞（I, you, he, she, it, we, they など）、前置詞（in, on, to, of, at など）、接続詞（and, but, so など）などがある。ただ、すべての内容語が強勢を置かれるわけではない。

　次の文で、英語のリズム（文強勢）を見てみよう。どこを強く発音したらよいのだろうか。通常、この文には３つ文強勢がある。どれだろうか。

　　　　　　　　Where do you want to go?

　次の黒丸がついている部分（音節）に強勢が置かれる。文強勢が置かれる語はすべて内容

Where do you want　　　　to go?

　　　　　●　　　　　●　　　　　●

語である。上述したように、強音節は長めにはっきりと発音される。文強勢のもう一つの特徴は、強音節と強音節との間は、時間的にほぼ同じ間隔で発音される傾向にある。つまり、'Where' から 'want' までの発音に要する時間と、'want' から 'go' まで発音する時間がほぼ同じである。強音節と強音節の間に、弱音節が多くあると、その弱音節は速めに、不明瞭に発音されることとなる（この例では 'do you' の部分）。このような英語の文強勢のリズムを強勢拍リズム（stress-timed rhythm）という。実際に、チャンツ指導をする際に、文強勢を置く音節を手で叩くとわかりやすいために、手を叩く活動が授業でよくみられる。ただ、どこの音節を手で叩くかは、英語の文強勢次第であり、むやみに手を叩けばよいものではないことになる。

　上記が英語のリズムの基本であるが、「情報の新旧（大切さ）」や「意味の対比」などのよって、リズムの原則があてはまらない場合もある。例えば、次の例を見てみよう。どこに文強勢を置くのだろうか。

　　　　　　　　What's your name?　　　　　　My name is Takashi.

　最初の文（疑問文）の内容語の 'What' と 'name' を強く発音する。２つ目の答えの文であるが、内容語 'Takashi' は新しい情報（大切な情報）なので、強勢が置かれるが、２つ目の 'name' の方は、内容語であるため多少強勢は置かれるものの、'Takashi' ほどは強く置かれない。その理由は、前の疑問文の 'name' を再度、繰り返しており、旧情報（情報としては新しくない）となっているからである。その証拠に、２つ目の答えの文は 'My name is' を省略し 'Takashi' のみでも十分、その対話は成立する。以下のように、２つ目の 'name' にはかなり小さい黒丸印をつける。

　　　　　　　　What's your name?　　　　　My name is Takashi.

　　　　　　　●　　　　●　　　　　　　●　　　　　●

　まとめると英語の文のリズムの基本は内容語に強勢を置き、機能語にはあまり強勢を置かない、強弱アクセントを繰り返すリズムであるが、大切な情報（語）には強勢を置くことになる。

考えてみよう・やってみよう

（1）次の英文を、どこに強勢を置くかを意識して発音してみよう。そして、このチャンツを利用した発音練習について感じたことをまとめてみよう。

①　Where do you want to go? I want to go to America.

②　What do you have on Monday? I have math and P.E. on Monday.

③　Can you play the piano? Yes, I can.

④　What color do you like? I like yellow and blue.

（2）以下は、対話のチャンツである。実際に、文強勢を意識してチャンツで発音してみよう。

①　Do you like apples? Yes, I do.

　　Do you like milk? Yes, I do.

　　Do you like bananas? No, I don't.

　　Do you like dogs? No, I don't.

　　　　　　　　　　　　（『英語ノート 1』、文部科学省、2009a、Lesson 4、p.25）

②　What time is it? What time is it?　　　　What time is it? What time is it?

　　　It's 6 a.m. It's 'Wake-up Time.'　　　　　It's 5 p.m. It's 'Homework Time.'

　　What time is it? What time is it?　　　　What time is it? What time is it?

　　　It's 7 a.m. It's 'Breakfast Time.'　　　　It's 7 p.m. It's 'Dinner Time.'

　　What time is it? What time is it?　　　　What time is it? What time is it?

　　　It's 10 a.m. It's 'Study Time.'　　　　　It's 8 p.m. It's 'Bath Time.'

　　What time is it? What time is it?　　　　What time is it? What time is it?

　　　It's 12 p.m. It's 'Lunch Time.'　　　　　It's 9 p.m. It's 'Bed Time.'

　　What time is it? What time is it?　　　　What time is it? What time is it?

　　　It's 3 p.m. It's 'Snack Time.'　　　　　It's 3 a.m. It's 'Dream Time.'

　　　　　　　　　　　（『Let's Try! 2』、文部科学省、2018d、Unit 4、p.15）

考えてみよう・やってみよう

（3）チャンツ による発音練習の長所と留意点を話し合ってみよう。

長所   留意点

4．歌の指導

（1）　歌の教材

　小学校英語の授業は、できるだけ「楽しい活動」が含まれることが大切である。小学校英語を嫌いにさせないためにも、歌は有効な活動と思われる。ただ、児童の発達段階に応じた選曲が必要である。中学年の外国語活動であれば、身体の動きを伴った歌が適切であり、高学年であれば、テレビや日本語でそのメロディーに慣れ親しんでいるものなどが考えられる。歌の歌詞の意味や発音を完全に覚えるようなことは目標とせず、英語の音に慣れ親しみ、分かるところだけを歌えばよいとする。歌の活動を通して、英語の自然な発音を身に付けるような考え方もあるが、できるだけ児童に楽しませる活動にすることを目標にした方がよい。まったく歌の意味がわからないものではなく、児童が慣れ親しんでいる数字、身体の部位などをさす英単語を含む歌から始めるとよい。

　チャンツの指導は英語の文強勢リズムに基づいて行われるが、歌の指導も同様である。基本的には、強音節が等間隔に表れ、強音節と強音節の間の弱音節は、弱く速めに発音される傾向にある。英語の文強勢リズムに慣れ親しむためには、何度も曲を聞かせた方がよい。

　具体的な曲

　これまでの文部科学省作成教材の中から使用されている曲など、代表的な英語の歌をあげてみる。（1）から（3）はいずれも動作を伴う歌である。

（1）**Hello Song**．『Let's Try! 1』（Unit 2）動作をつけ、曲を流しながら歌う。

　Hello. Hello. Hello, how are you?

　I'm good. I'm good. I'm good. I'm good, thank you. And you?

（文部科学省、2018c、p.8）

（2）**Ten Steps**　『英語ノート 1』（Lesson 3）

　この歌は Lesson 3「数で遊ぼう」にあり、英語の数の数え方に慣れ親しむようになっている。one, two, three, four, と数えながら、両手で、身体の頭、肩、腰、ひざを順番にさわっていく。

　　One, two, three, four, five, six, seven.

　　One, two, three, four, five, six, seven.

　　Eight, nine, ten.

　　Eight, nine, ten,

　　One, two, three, four, five, six, seven.

（文部科学省、2009a）

　この歌の変化をもたせたものとして、黒板に以下のように数字を書く。

　　　1　2　3　4　5　6　7　8　9　10

　最初は数字を指さしながら歌う。慣れてきたら 2 と 6（あるいは別の数字）を消して、その所は歌わず、手を叩くことができる。

（3）**Head, Shoulders, Knees, and Toes**　『英語ノート 1』（Lesson 3）

　head, shoulders, knees, and toes と言いながら、両手で身体の部位をさわっていく。だんだん慣れてきたら、スピードを速めるとおもしろい。

　　Head, shoulders, knees, and toes, knees and toes.

　　Head, shoulders, knees, and toes, knees and toes.

　　Eyes and ears and mouth and nose.

　　Head, shoulders, knees, and toes, knees and toes.

（文部科学省、2009a）

（4）**Sunday, Monday, Tuesday**『We Can! 1』（Unit 3, p. 20）

　英語の曜日に慣れ親しむための歌である。この歌を歌う時は、曜日が書いてあるカードを黒板に貼っておき、それを指さして歌うとよい。また、児童は、この歌を歌いながら、机の上で、曜日を書いてあるカードを並び替える活動をしてもよい。

　　Sunday, Monday, Tuesday,

　　Wednesday, Thursday,

　　Friday, Saturday,

　　Sunday comes again.

（文部科学省、2018e）

(5) **Bingo**

歌詞が中学年の児童にとってやや難しいと思われる場合、アルファベット文字 B, I, N, G, O だけ歌うことができる。2回目を歌う時は、B のところは発音する代わりに手をたたき、I, N, G, O と歌う。3回目は、B, I のところで足で床を踏みならし N, G, O と歌う。

There was a farmer had a dog,　　　There was a farmer had a dog,

And Bingo was his name, oh.　　　And Bingo was his name, oh.

B-I-N-G-O, B-I-N-G-O, B-I-N-G-O,　　　＊-I-N-G-O, ＊-I-N-G-O, ＊-I-N-G-O,

And Bingo was his name, oh.　　　（＊のところで手をたたく）

　　　And Bingo was his name, oh.

There was a farmer had a dog,

And Bingo was his name, oh.

＊-＊-N-G-O, ＊-＊-N-G-O, ＊-＊-N-G-O,（＊のところで足で床を踏みならす）

And Bingo was his name, oh.

(6) **If You're Happy and You Know it.**（幸せなら手をたたこう）

If you're happy and you know it,

Clap your hands.（Clap, clap）

If you're happy and you know it,

Clap your hands.（Clap, clap）

If you're happy and you know it

And you really want to show it,

If you're happy and you know it,

Clap your hands.（Clap, clap）

> 2番以降、下線部を入れ替える（どんな動作をするか考えてみよう）
> Stamp your feet,
> Turn around,
> Wiggle your hips,
> Stretch your arms,
> Pat your head,
> Touch your nose.

(7) **London Bridge is Falling Down.**（ロンドン橋落ちた）

London Bridge is falling down,

Falling down,

Falling down.

London Bridge is falling down,

My fair lady.

この曲のメロディーは日本でもよく知られており、マザーグース（Mother Goose）としてもよく知られている。マザー・グースとは、イギリスやアメリカを中心に昔から英語母語話者

の間で親しまれている英語の伝承童謡であり、ナーサリー・ライム（Nursery Rhymes）とも呼ばれる。韻を踏む（同じ音を繰り返す）特徴をもっており、英語のリズムに慣れ親しむうえで有効とされる。

　本章で紹介した歌は、いずれも児童向きの歌であり、さほど準備はいらない。まずは、学級担任が曲を流しながら、動作をつけて歌ってみる。その後、児童に学級担任の動作をまねさせたり、あるいは動作をプリント資料等で示して、歌えるところだけを歌わせてみる。これを数回繰り返すと、歌えるようになる。次の授業でも、同じように同じ歌を歌ってみるとよい。また、高学年になったら、ポピュラー・ソング、ヒット曲を使用することもお勧めする。みんなが知っている歌はノリが違う。

考えてみよう・やってみよう

(4) 上記 (6) ‘If You're Happy and You Know it’ を歌う際に、どの語を強く発音したらよいだろうか。そして、歌ってみよう。

（猪井　新一）

第 10 章　読み聞かせ活動

　本章で学習すること
・読み聞かせの利点
・読み聞かせの有効性
・本の選択
・読み聞かせの方法

「読み聞かせ」は教師が絵本を児童に聞かせる活動である。もちろん絵本でなくても構わないが、日本の今の小学校英語教育では絵本が適当だろう。読み聞かせは簡単にできる活動であるはずだが、筆者が先日小学校教員 30 名程度の方々に口頭で聞いたところでは、実行している方はわずか 4、5 名であった。これは、水戸市で行われた公開授業でのことで、全国の状況を調査したわけではないので一般化はもちろん拙速である。しかし、現時点では人気のある活動ではないようである。これがとても残念なのは、次の利点がまず考えられるからである。

1．読み聞かせの利点

・教材準備があまりいらない。ただし、本を選ぶこと、発音や読み方などを確認しておくことは重要である[1]。
・児童の興味関心が高まる。大きい本で絵が綺麗な場合、特に注目度は高い。まず、物語や内容に興味を持つことは、言語学習を進める上で重要である。絵本はそれを可能にすると言える。また当然ながら、外国語で書かれた絵本は異文化への扉であり、異なる文化への興味関心をかきたてることも考えられる。
・聞いた単語やフレーズをまとめて覚える可能性がある（偶発的学習）。これは、教師側が覚えさせようとした結果、児童が覚えるのではなく、偶然覚えていくということである。ただし、それには繰り返しの読み聞かせが必須である。
・インプットを増やすことができる。第 4 章で述べたとおり、インプットは言語習得に重要な条件である。特に絵本では、意味のある、ある程度まとまりのあるお話に音声から触れることになる。
・アウトプット、やり取りの機会を作ることができる。しかも絵本について話をするとい

---

[1]　読み聞かせの利点については、衣笠（2010）などを参考にしている。

う、極めて自然なやり取りの場面を創出できる。児童とのやり取りを通して、物語という意味のある状況の中で、内容だけでなく音声や語など言語的側面の興味を喚起したり注意を向けることができる（後述）。

2. 読み聞かせの有効性（研究結果より）

読み聞かせの研究による、言語学習での有効性は少なくとも下記のようなものがある[2]。

・受容語彙の向上：受容語彙とは、意味が認識できる語彙のことである。つまり、書いたり、自分で言ったりすることはできないが、聞いたときあるいは読んだ際に理解できる語彙である。そのような語彙が読み聞かせで増える結果が得られている。

・発話の長さ、話す力の向上：発話する際の文の長さが、読み聞かせを受けた群のほうが長くなった結果が得られている。また母語の研究では、説明したり、話を語るような力が高まったという。外国語でのリテリング（再話）でも同様の結果が得られている。

・リスニング力（聞いて、概要を述べる・聞いて内容理解をするなど）の向上：読み聞かせを受けた群の方が、聞いた内容を理解する力が向上した結果が得られている。

もちろんこれは一定の期間繰り返し行った結果として得られたもので、数回の読み聞かせで可能なものではない。期間は研究によってさまざまであるが、数週間から数か月のものも存在する。また、読み聞かせのテクニックとして、繰り返しの読み、読みきかせ中の理解度の確認、ジェスチャーの使用、語彙の説明などが理解度を促進するとする研究結果も得られている。

3. 本の選択

どんな本を選択するかは、とても大事な検討事項である。中学年と高学年では認知レベルや興味に差がある。かといって、子どもたちの英語力を考えると難しい本を選ぶことは困難であり、物語がまず最も適切だろう。お話の絵本の種類に関しては大きく分けて2つある[3]。

（1）繰り返しの多い絵本

語やフレーズの繰り返しが多く、内容の予測が容易であるのがこのタイプの本である。物語のような筋はあまり明確でなかったりする。繰り返しが多いので、歌のように韻を踏んでリズ

---

[2]　以下のような研究がそれぞれの領域で結果を提示している。受容語彙については Collins (2010); Elley (1989); Romney, Romney, & Braun (1988)。文の長さは Whitehurst et al. (1988)、スピーキング・スキルについては Blok (1999); Vivas (1996); Wells (1986)。内容理解については Amer (1997); Blok (1999); Dhaif (1990); Vivas (1996) など。リテリングは Romney, Romney, & Braun (1988)。また、読み聞かせのテクニックの有効性については Cabrera & Martinez (2001) など。

[3]　本の種類の分け方は McGee & Schickendanz (2007) が predictable books（内容が予測できるもの）sophisticated books（洗練されたもの）という分け方をしており、それに準じている。

ムを意識して読む必要がある場合も多い。内容、語彙ともに比較的高度ではない。代表的なこのタイプの本を4冊ほど挙げる（図10-1）。

(1)　　　　　　　　(2)　　　　　　　　(3)　　　　　　　　(4)

図10-1　代表的な繰り返しの多い絵本

(1) *Brown Bear, Brown Bear, What Do You See?*（Bill Martin, Jr. & Eric Carle）
(2) *Five Little Monkeys Jumping on the Bed*（Eileen Christelow）
(3) *From Head to Toe*（Eric Carle）
(4) *No, David!*（David Shannon）

（2）　物語のある絵本

　このタイプの本はきちんとした筋があり、結末のあるものである。一部分、繰り返しなどもあったりするが、はっきりした起承転結があり、展開が簡単に予想できるとは限らない。繰り返しの多い絵本より、より高度で洗練された内容の場合がある。代表的なこのタイプの本を4冊ほど挙げる（図10-2）。このうち、Swimmy は国語の教科書（小森他，2016）でも取り上げられているので、物語の内容は児童達はすでにわかってはいるが、教科書には出てこないたくさんの絵と知っている内容が英語で語られるという点で、特に興味が高まると考えられる。

(1)　　　　　　　　(2)　　　　　　　　(3)　　　　　　　　(4)

図10-2　代表的な物語のある絵本

　(1) *The Very Hungry Caterpillar*（Eric Carle）

　(2) *Not Now, Bernard*（David McKee）

　(3) *Rosie's Walk*（Pat Hutchins）

　(4) *Swimmy*（Leo Lionni）

　学習の初期は繰り返しのあるやさしいものを選び、徐々に物語のものも読めるようにするとよいだろう。また、これ以外にもノンフィクションのものがあり、別のジャンルという意味でも利用できるとよい。特に、他教科との連携を意識するのであれば有益なはずである。

4. 基本の読み聞かせの方法

　基本的な読み聞かせの方法は、次のような方法が考えられる[4]。

（1）　1回目の読み聞かせ

・読む前に

　読む前に表紙絵を見せて、内容を想像させてみよう。次のような質問を英語でも、日本語でもしてみよう。

　T: What do you think this story is about?「どんなお話だと思う？」

　T: Let's read the title together.「題名をみんなで読んでみよう」

　T: What is this?「これ何？」（表紙の絵を指して）

　T: Who is this?「これ誰？」（表紙の絵を指して）

・読みながら

　1回目の読み聞かせでは、絵をよく見せながらゆっくり読もう。

・読んだ後

　終わった後、感想を聞こう。

　T: What do you think about the story?「どう思った？」

　T: Do you like David（登場人物の名前）?「…好き？」

（2）　2回目の読み聞かせ

・読む前に

　読む前に、前回の読み聞かせを思い出させる。また、文字・単語の導入として、題名を指で指して音声を確認しながら、みんなで繰り返して言ってみるのもよいだろう。

---

[4]　Cameron（2001）などを参考にしている。児童とやり取りをしながらの繰り返しの読み聞かせは McGee & Schickendanz（2007）を参考にしている。語彙への注意の向け方は Collins（2010）を参照。また、text-to-self, text-to-world, text-to-text などの質問の型は Santoro, Chard, Howard, & Baker（2008）より。

T: Do you remember the story?「皆、このお話、覚えているかな？」

T: Who's in the story?「誰がでてくるかな？」

T: Can you read the title together?「題名を読めるかな？」

・読みながら

2回目は、絵をさして、知っている単語を言わせたり、次にどうなるか思い出させたりしよう。部分的に絵を隠したりしてもよい。

T: What are they doing?「彼らは何しているの？」

T: What's happening here?「ここで何が起きている？」

T: What happens next?「次どうなる？」

・単語に注意を向ける

T: Do you know this word 'stomachache?' What does this mean?「このことば知ってる？どういう意味？」

もし子どもたちから正解が出てこなかったら、次のように言いながら演じてみる。

T: Oh…, ahh, I'm not feeling well. I ate too much.「ああ、気分が悪い。食べ過ぎたな」

（3）3回目以降の読み聞かせ

・前回に注意を向けさせた単語などの復習をする。

T: Do you remember the meaning of 'stomachache?'「覚えてる、stomachache の意味？」

主人公たちのセリフを教師が読む前に思い出させてみる。内容についても読む前に引き続き聞いてみてもよい。

T: What did he say?「なんて彼言ったかな？」

そのほかに次のようなタイプの質問が考えられる。

・自分に関連させてみる（text-to-self questions）

T: If you were him, what would you do?「もしみんなが彼だったらどうする？」

T: If you were her, what would you say?「もしみんなが彼女だったらなんて言う？」

・世の中や現実社会に関連させてみる（text-to-world questions）

T: Is this OK in school in Japan?「これって日本の学校で大丈夫かな？」

T: What do we usually do when this happens?「普通私たちはどうする、こんなことが起きたら？」

他にも以前に読んだ本と比較してみる（text-to-text questions）こともできる。なお、ICTを利用した例は第11章を参照されたい。

（4）児童の反応への対応

　児童の返答は、日本語だったり、英語だったりであろう。日本語であれば、英語に直してあげれるとよい。しかし、難しければ、'That's right!'（あるいは、'Great'、'I like your idea'、など）で十分だろう。英語で言われて正しければ、そのまま教師が繰り返してみんなにも言ってもらい、間違っていたら、直してあげられるとよい。しかし、できる範囲でもちろんよく、あまりこだわる必要はない。大切なのは児童の反応を、しっかり聞いてあげることである。

5．読み聞かせのプロジェクト

　読み聞かせをプロジェクトにすることができる。もちろん、児童が児童に対して読み聞かせるということである。香港での報告では、中学生が自分たちが作った絵本を持って、小学校へ読みに行くという活動を行っている[5]。もちろん自分たちで作ることは時間もかかり、難しい部分もあるが自分たちの絵本を他の人に読み聞かせるとなると、かなり子どもたちにも力が入ることになるのは想像に難くない。実際、香港での報告もそうであった。以下2つの案を参考にされたい。

① 4コマ絵本
・内容：画用紙4枚と枚数を制限して、4コマ漫画のような短い話を作って練習をする。英語の正しさ（韻を踏んだりとか）などでALTの協力は必須となる。3人一組ぐらいのグループで一人最低1ページに責任を持つとよいだろう。十分に練習した後、下の学年に読み聞かせを行う。実際に行うときは、聞く側も小グループにして、時間で切って各グループを順番に回れるとよい。
・ねらい：自分が言いたいことを、人に聞いたりしながら、写したりして文字を書くことができる。簡単なお話を友達と協働しながら作って、読んで人に聞かせる。
・準備物：画用紙（四つ切り）各班4枚ぐらい、色えんぴつ。
② 続き絵本
・内容：続き絵本は、クラスで何度も聞いている絵本の続きを画用紙3枚ぐらいでグループで作成する。それをクラス内で発表するのは面白い。そのほかにも以前読んでいる絵本の主人公や皆が知っているキャラクター（ドラえもんなど）、国語の教科書に出てきた主人公などを利用して、別のお話を作ることも面白い。上記の4コマ絵本のように自由度が高いと、作成に時間がかかる可能性がある。そこで、このような制限を与えることは時間短縮になる。

---

[5]　香港の実践報告は Mak, Coniam, & Kwan（2007）より。

・ねらい：自分が言いたいことを、人に聞いたりしながら、写したりして文字を書く。簡単
　　　　　なお話を友達と協働しながら作って、読んで人に聞かせる。
・準備物：画用紙（四つ切り）各班3枚ぐらい、色えんぴつ。

　教師は大人である。大人は同じものを繰り返し見たり、聞いたりすることを躊躇する。ところが、子どもは繰り返しに対しての耐性が高い。それは1回では十分な情報が得られないからと考えられる。2回目、3回目の読み聞かせでは、1回目とは異なる場所に注意を払って新情報が得れるのである。外国語の場合、特に子どもの認知容量（注意・記憶）が低いので、繰り返すことで徐々に理解できることが起る。教師（大人）はそのようなことを忘れがちで、自分が飽きた、あるいは子どもも飽きただろうという思い込みから繰り返しを避けてしまったりする。本章で繰り返し述べたように、繰り返しの読み聞かせによるメリットは大きい。恐れずに繰り返しの読み聞かせにぜひ挑戦してもらいたい。

考えてみよう・やってみよう

(1) 教員の読み聞かせを聞いて、どんなことに気がついたか友達と話し合おう。

（2）絵本を使って、読み聞かせの練習をしてみよう。ペアで役割を決めて一冊の絵本を読んで
みよう。お互いにサポートをしたり、アドバイスをしたりしよう。

（ペア・グループのメンバーが Stars & Wishes を記入）[6]

（3）グループメンバーが児童役になり、ペアで他のメンバーに読み聞かせよう。その際に可能
であれば、セクション 4 で紹介した質問を使ってみよう。終わったら、児童役の友人から
フィードバックをもらおう。

（ペア・グループのメンバーが Stars & Wishes を記入）

（齋藤　英敏）

6　Stars & Wishes はいい点とアドバイスのことを指している。

第11章　他教科等との連携

本章で学習すること
・学習指導要領における他教科等との連携
・他教科と連携した活動例

1．学習指導要領における他教科等との連携

　小学校学習指導要領（2018a）によると、外国語活動および外国語科の指導計画の作成上の配慮事項の一つとして、以下のように示している。

　　言語活動で扱う題材は、児童の興味・関心に合ったものとして、国語科や音楽科、図画工作科など、他教科等で児童が学習したことを活用したり、学校行事で扱う内容を関連付けたりするなどの工夫をすること。　　　　　　　　　　　　　　　　　　　　　　（文部科学省、2018a、p.45; p.125）

　外国語活動および外国語科、広く言語教育としてまず国語科と連携することが大切である[1]。ここでは、国語を中心に、社会、理科、家庭科に関連した活動を簡単に紹介する。算数（数字や図形）に関連する活動については第7章を参照してもらいたい。

2．国語科との連携

（1）漢字の利用

　文部科学省教材『英語ノート1』（文部科学省、2009a、pp.44-46）や『Let's Try! 1』（文部科学省、2018c、p.33）には、漢字表現の「海星」「海老」「海月」はどんな海の生き物を表しているかを考え、その英語を聞いてみたり、絵の中からそれらの生き物の数を数えてみたりする活動がある。また、児童の好きな漢字について、その画数を互いに"How many?"を使って尋ね合い、その漢字が好きな理由を聞き合うような活動もある（第7章参照）。

① 漢字を利用した活動（その1）

・内容：児童には少し読み方が難しい漢字を選び、何の動物・虫の名前であるかを考えさせる。

・準備物：絵カードおよび漢字カード。

・ねらい：国語との連携をはかり、ことばの豊かさに気づかせる。

---

[1]　大津・窪薗（2008）は、「ことばへの気づき」を児童に体験させることに着目し、日本語、中国語等と関連させながら、漢字、同音異義語、複合語等、さまざまな視点から「ことばの教育」の重要性を主張している。

・進め方：

(1) T: We study animal names today. What's this? It's an animal.

　　 海星 （漢字カードを黒板に張る）

(2) T: Please guess. 海の星。 海にいる星って何？ Can you guess?

　　 「ヒトデ」のような反応があれば、絵カードを示す。

　　 T: That's right. *Hitode*. It's a starfish. Starfish. Star （星の） fish （魚）

　　　　 This is *hitode*. Starfish.

◎同じようにして、以下の漢字の読み方を日本語と英語でやってみる。

	① 海豚	② 海月	③ 海老	④ 鮭	⑤ 蛙
日本語	（　　）	（　　）	（　　）	（　　）	（　　）
英　語	（　　）	（　　）	（　　）	（　　）	（　　）

◎答えがなかなか出てこない場合は、ヒントを与えながら進め、すぐ答えを言わない。

② 漢字活動（その 2）

・内容：漢字の読み方を 'Can you read 〜?' で導入する 。

・準備物：漢字カード （図 11-1）。

・ねらい：国語科との連携を図る。

・進め方：

　T: What's this? 　 鮭 （漢字カードを提示する）

　　 Can you read it?

　S: さけ

　T: Very good. You can read it. It's さけ . How about this one? 秋刀魚

　　 Can you read it?

　S: さんま .

　T: Good. It's さんま . You can read it.

　　 Can you read this? 鰯

　S: いわし .

　T: That's right. いわし . How about this one? Can you read it?

鮪 鰻 鯛 鰤 鱸 鰊 土竜 蟬 百足

図 11-1 漢字カード

③　中国語の漢字を利用した活動

・内容：中国語の漢字を利用する（今回は繁体字を利用する）。

・準備物：漢字カードおよび中国語の漢字が書いてあるワークシート（図11-2）

・ねらい：英語以外の外国語にふれる。

・進め方：

(1) T: 以下の中国語はすべて外来語です。日本語ではカタカナで表現されますが、どのような意味でしょう。Let's study Chinese. They are 外来語 in Chinese.

　　T: What's this? 的士 （漢字カードを黒板に張る）。

　　　　発音が日本語「てきし」と似ているよ。グループで話し合ってみよう。

　　　　Yes. It's a taxi.

(2) 上にならって，以下をやってみる。

［発音が似ているものとして］
　　①　巴士（　　　　　　）　　②　可口可樂（　　　　　　　）

［意味をよく考える］What's this?
　　①　速溶珈琲（　　　　　　　）　　②　国際将棋（　　　　　　）
　　③　遊泳池（　　　　　　　）　　　　④　電脳（　　　　　　）
　　⑤　空姐（　　　　　　）

図 11-2　中国語の漢字ワークシート

（2）　日本語の活用

・内容：日本語と英語では数の数え方が違うことを扱う。

・準備物：特になし。

・ねらい：日本語と英語で、物を数えることを通して、言語の豊かさに気付かせる。

・進め方：

(1) 日本語では例えば、鉛筆のような棒状のものを数える時はなんと数えるかを確認する。
　　（1本、2本、3本…）。『本』（Book）だったら、どうなるかを確認する。
　　（1冊、2冊、3冊、…）

(2) 英語では何と数えるかを聞く。

(3) 日本語と英語では、数え方がどのように違うのかを話し合わせる。

考えてみよう・やってみよう

(1) まず、日本語の「1本〜10本」の発音で、「本（ほん）」の発音の仕方はいくつかに分類
　　できるが、その分類方法を話し合ってみよう。そして、英語と日本語の数の数え方の違いに
　　気付かせる方法をグループで話し合ってみよう。

（3）　ローマ字指導との連携

　第3学年の国語科のローマ字指導では、いわゆる訓令式（日本語の音は子音字＋母音字の組
み合わせで成り立つことを示すローマ字つづり）を用いて行われる。しかし、パスポートの日
本語の英語表記は「ヘボン式」（日本語の子音字を、英語の発音に近づけるローマ字つづりで、
パスポートなどで使用される）が用いられることを、外国語活動の中で取り扱うことが可能で
ある。外国語科においては、第3、4学年の国語科で主語・述語のとの関係を学習したことを
踏まえ、日本語と比較する中で、英語の語順に気付かせることを例として挙げている（文部科
学省、2018a、p. 126）。

・内容：ローマ字指導で、訓令式とヘボン式を連携させる。例えば、ひらがなの「し」は訓令式
　　　　では 'si' と表記する。しかし、英語教育における日本語表記はヘボン式を用い、でき
　　　　るだけ英語の発音の近づけるようにしている。ヘボン式では「し」が 'shi' となる。

・準備物：訓令式とヘボン式では異なる表記となる表現をいくつか準備する。

・ねらい：訓令式とヘボン式では日本語の表記の仕方が異なることに気づかせる。

・進め方：

(1)「土浦」を訓令式（tutiura）で板書し、ALT に発音してもらう。

(2) 次に、ヘボン式（tsuchiura）を板書し、再度、ALT に発音してもらう。

(3) 児童にどちらの発音が日本語の発音に近いか尋ねる。

(4) ローマ字のヘボン式表記は日本語の発音にできるだけ近づけた表記であることを、児童に
　　気付かせる。

(5) クラスに「つよし」（tuyosi/tsuyoshi）君、「しおり」（siori/shiori）さんなどの名前の児
　　童がいたら、やはり、ALT に訓令式とヘボン式で発音してもらい、その発音の違いに気づ
　　かせる。ALT がいなければ、学級担任が2種類の発音をしてみる。

(6) 児童の各自の名前を訓令式とヘボン式で書かせ、2つが同じか、それとも違うかを児童に
　　確かめさせる。

3. 社会科との連携 （4年生）

都道府県クイズ活動

・内容：どの都道府県であるかをあてる。

・準備物：都道府県のイラスト（図11-3参照）

・ねらい：社会科との連携を図る。

・進め方：

図11-3　県イラスト

T: Look at the picture.

　What's this? Is it Ibaraki-ken?

　Is it Osaka-fu? What's this? Any idea?

　I have three hints.

　Hint 1. It's near Ibaraki-ken.

　Hint 2. It has a big lake.

　Hint 3. It has Mt. Bandai.

　Next. Which prefectures have an animal?（群馬、熊本、鹿児島、鳥取）

　　What animal?

　Which prefectures have a mountain?（山形、山梨、山口、富山、岡山）

　Which prefectures have a river?（神奈川、香川）

（猪井　新一）

4. 理科との連携 （3年生）

磁石を用いた実験　（Magnet experiment）

・内容：教科書に準じた磁石の実験を英語で行う。教師と生徒によるやり取りから、グループでの活動を行い、最後に全体で結果を共有をする。標準的な理科の授業である。

・準備物：磁石、そのほかワークシートにあるものの実物（缶、はさみ、アルミ箔、ペットボトルなど）。

・ねらい：磁石に引きつけられるものをしらべる（英語を使って）。

・進め方：

(1) 教師が次のような会話を児童と行い導入する。

T: Which one is attracted towards the magnet? 'attracted towards' means *kuttsuku* in Japanese.

S: *hasami*.

T: OK, scissors. If you think scissors are attracted towards the magnet, please put a circle in the left（予想）box. Put a cross, if not. What else?（ワークシート図11-4を参照）

Which one is attracted towards the magnet?[2]

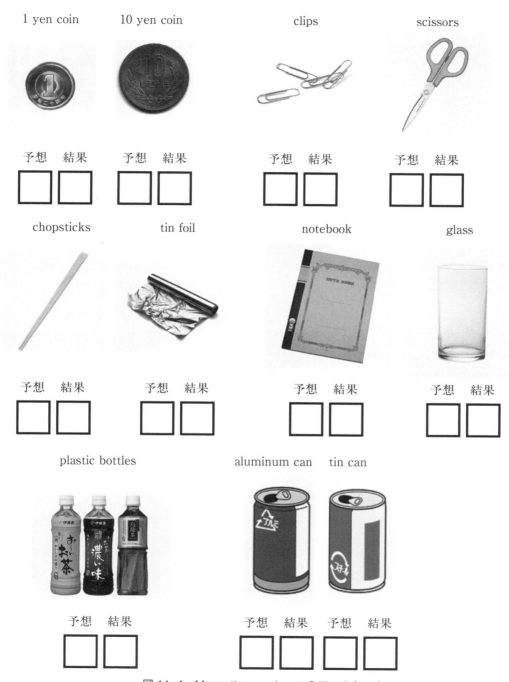

図 11-4　Magnetic experiment のワークシート

2　このワークシートは有馬他（2014, p.123）を参考にしている

S: *kan*.

T: Which can? Steel or aluminum?

S: *alumi*.

T: OK, aluminum. Repeat after me, class. Aluminum can.

　このように単語を導入しながら、児童と会話しつつ2、3例について予想を話させる。その後、すべての物の英語名の発音を一通り確認する。

(2) 個人でワークシートのすべての物に関して左側四角に予想を〇×で埋める。

(3) グループで実験して、結果を〇×で右側四角に書き込む。

(4) 結果を全体で共有する。

T: Which one is attracted towards the magnet, Group 1?

S: Clips, scissors, tin foil, and steel can.

T: OK, what about Group 2?

S: The same.

T: Please say it again.

S: Clips, tin foil, steel can, and scissors.

T: So what are attracted towards the magnet, then, in short?

S: *tetsu*.

T: That's right. Iron is attracted towards the magnet.

5. 家庭科との連携（5、6年生）

My favorite miso soup[3]

・内容：教科書では味噌汁を調理する実習を行うことになっている。そのあとのまとめの活動の一部として、各家庭の個性や郷土の特徴を考える活動を英語で行う。

・ねらい：自分の家庭の味噌汁を発表して、郷土料理の多様性を理解する（英語で）。

・準備物：画用紙、色えんぴつ。

・進め方：

(1) 自分の好きな味噌汁の具にどのようなものがあるか、話させる。

T: In my case, my favorite miso soup has wakame（seaweed）and sweet potato in it. Sweet potato makes miso soup sweet. I like it a lot. How about you? What is your favorite miso soup?

(2) 児童から出てきた語を英語にし、発音の確認をする。予想される単語の準備をしておく。

---

[3]　この活動は2017年度教員免許認定講習参加者からの案を参考にさせていただいている。教科書で対応する部分は内野他（2014, p.49）など。

daikon, negi（green onion）, tofu, shijimi（seashells）

（3）画用紙に絵を描く。

（4）説明の仕方の練習をする。

My favorite miso soup has _____.

I like this because _____.

Thank you.

（5）4 人ぐらいのグループになり、メンバーに絵を見せながら説明する。

（6）全体で共有をして、さまざまな具があることを理解する。

考えてみよう・やってみよう

（2）上記以外で、他教科や学校行事との連携でどのような英語を用いた活動が考えられるか、グループで話し合ってみよう。導入はどのように英語で進められるか、どのような語彙や表現が必要か考えよう。

（齋藤　英敏）

第 12 章　ICT 活用

本章で学習すること
・情報活用能力と教室での ICT について
・ICT 活用指導力と普及について
・ICT 活用の効果や指導形態について
・ICT を活用した実践例について

1. 情報活用能力と教室での ICT

　平成 29 年 3 月告示の学習指導要領では、情報活用能力を言語能力と同様に重視し、学校の ICT（Information and Communication Technology）環境整備と ICT を活用した学習活動の充実を明記している。また、小学校では 2020 年度からプログラミング教育が必修化になり、プログラミング的思考を育成することが小学校から始まり、中高を通じてプログラミング教育を充実させることが求められている。

　これまでの情報社会 4.0 では、知識や情報の共有や分野横断的な連携に課題があったと言われており、新たな社会 5.0 では、人工知能 AI や、ロボット等の先端技術を取り入れて格差なく多様なニーズに対応するなど、課題の克服が期待されている。このような社会の変化に伴って、小学校の授業はどのように変化してきたのだろうか。なぜ、情報活用能力が求められているのだろうか。ICT を活用した授業とはどのような授業のことを指しているのだろうか。本章では、情報活用能力や ICT の普及率について触れ、実際の授業における ICT を活用した授業例や、その効果やメリットについて紹介する。

考えてみよう・やってみよう

(1) ICT とは、具体的にどのようなものを指しているのだろうか。

　ICT と言っても、さまざまなことを指しており、これまでの授業で使用したことがあるものから、初めて聞くようなものまで多種多様であることに気が付いたと思う。それでは、ICT を含んだ教授メディアはどのように分類できるだろうか。図 12-1 では、学校現場で従来から用いられてきた提示形（例えば、黒板、テレビ）が多いことが見て取れる。次に、LL 教室（Language laboratory）や CAI（Computer-assisted Instruction）など専用の教室や学習教材が必要な反応制御系もある。なお、個別化ができる一方で、コストがかかる。また、最近ではコンピューターやネットワークを活用し、手軽に海外の教室とつなぐことができる交流系も増えている。ICT を活用した指導が普及するにつれて、多様な学習活動が開発され、それに伴い ICT の活用力が求められるであろう。

考えてみよう・やってみよう

（2）次に示した図 12-1 を参考に、小学校から大学までの授業で使われていた ICT 機器の中で、印象に残っているものについて友達と話し合ってみよう。

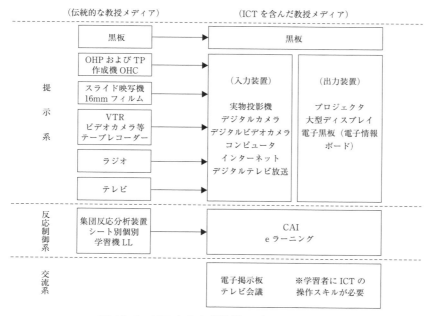

図 12-1　ICT を含んだ教授メディアの再分類
（堀田、2018、p.41）

ICT を教育に活用することで、どのような効果が期待されているのだろうか。次の文部科学省が示している図12-2と図12-3を見ると、このようなさまざまな能力の育成にICTが役に立つ可能性があることがわかる。例えば、児童自身の「課題発見能力」を養うために、インターネットなどのICTを活用することは有効である。

それでは、情報活用能力とはどのようなものであろうか。情報化社会を生き抜いていくには、問題を発見し、解決のために情報を収集し、整理し、伝達する等の能力の習得を目指すこ

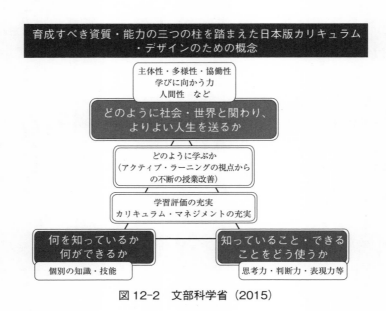

図12-2　文部科学省（2015）

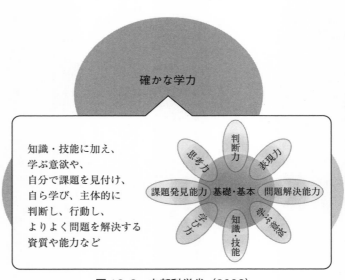

図12-3　文部科学省（2003）

とが大切になる。中央教育審議会最終答申では、このような能力のことを「情報活用能力」と呼んでいる。情報活用能力は言語能力と同様に「教科等を超えたすべての学習の基盤として育まれ活用される力」（文部科学省、2016、p.30）とされている。さらに、「情報活用能力は経験の連続によって身に付く力であり、学校が ICT 活用経験をどれだけ保証しているかが（情報活用能力育成の）重要な鍵を握っている」（堀田、2017、p.10）のは間違いない。

　学校における教材も大きく変化している。これまで紙媒体であった教材がデジタル化し、学校によっては児童 1 人ひとりがタブレットを持っているケースもある。文部科学省が作成した教材および文部科学省検定済教科書では、紙媒体の教材だけでなく、デジタル教材も用意されている。既に、小学校や中学校、高等学校や特別支援学校まで幅広い校種においてデジタル教材を含む ICT の実践報告があり（新潟大学教育学部附属新潟小学校、2017; 小池・神谷、2018）、筆者が茨城大学で担当している小学校英語の授業においても ICT の利用を推奨している。平成 29 年 3 月告示の小学校学習指導要領改訂の柱である「主体的・対話的で深い学びの実現に向けた授業改善」においても、児童が能動的に自ら学び取ることを目指す英語教育では ICT は大いに役立つものと期待され、活動に応じたデジタル教材の活用や電子黒板やタブレットなどの ICT 機器の利用は、今後ますます加速するであろう。

2．ICT 活用指導力と普及

　2015（平成 27）年 3 月に行われた「学校における教育の情報化の実態等に関する調査」の指導者用デジタル教科書の整備率の調査結果は、小学校 43.5%、中学校 46.0%、高校 7.6% であった。2019（平成 31）年 3 月に行われた同調査の結果は、小学校 56.6%、中学校 61.4%、高校 19.2% であり、4 年前と比較すると ICT 機器の整備は進んでいることがわかる。また、「教材研究・指導の準備・評価・校務などに ICT を活用する能力」については、86.2% の教員が「わりにできる」「ややできる」と回答している。「授業に ICT を活用して指導する能力」についても、69.7% の教員が「わりにできる」「ややできる」と回答しており、多くの教員が ICT に慣れ親しんできていると言えよう。しかし、指導者用デジタル教科書の 100% の整備率に向けてはまだまだ発展途上の段階であり、教育用 PC1 台当たりの児童生徒数は 5.4 人となっていることや、整備状況の地域差も顕著となっており（文部科学省、2019b）、今後のさらなる発展が期待される。

3．ICT 活用の効果や指導形態

　ICT を利用することによってさまざまな教育効果が期待できる（図 12-4）。まず、世界中の動画、映像、写真等を大きく、見やすく提示するなど、素材を活用することで、児童の興味・関心を高め、集中力を高めることである。また、学習の目的に応じて教材を容易に加工でき、

A 一斉学習	B 個別学習		C 協働学習	
挿絵や写真等を拡大・縮小、画面への書き込み等を活用して分かりやすく説明することにより、子供たちの興味・関心を高めることが可能となる。	デジタル教材などの活用により、自の疑問について深く調べることや、自分に合った進度で学習することが容易となる。また、一人一人の学習履歴を把握することにより、個々の理解や関心の程度に応じた学びを構築することが可能となる。		タブレットPCや電子黒板等を活用し、教室内の授業や他地域・海外の学校との交流学習において子供同士による意見交換、発表などお互いを高めあう学びを通じて、思考力、判断力、表現力などを育成することが可能となる。	
A1 教員による教材の提示	B1 個に応じる学習	B2 調査活動	C1 発表や話合い	C2 協働での意見整理
画像の拡大提示や書き込み、音声、動画などの活用	一人一人の習熟の程度等に応じた学習	インターネットを用いた情報収集、写真や動画等による記録	グループや学級全体での発表・話合い	複数の意見・考えを議論して整理
B3 思考を深める学習	B4 表現・制作	B5 家庭学習	C3 協働制作	C4 学校の壁を越えた学習
シミュレーションなどのデジタル教材を用いた思考深める学習	マルチメディアを用いた資料、作品の制作	情報端末の持ち帰りによる家庭学習	グループでの分担、協働による作品の制作	遠隔地や海外の学校等との交流授業

図 12-4　タブレット PC の使用場面について
東京都教育委員会（2016）

教師間で共有することができる。指導形態も状況に応じて変更できる。ICT は多機能であるため、一斉学習、個別学習、協働学習の各場面にあった活用の仕方ができる。児童同士の情報収集や共有も容易に行えるため、指導の効率が上がり、協働的な学びを実施しやすくなり、主体的・対話的で深い学びにつながる。発信という点では、教室内の児童同士だけでなく、他クラスや、他の学校、海外の教室といった世界ともつながることもでき、ICT を利用するメリットは大きい。

　タブレットを例に、期待できる効果を見てみよう。まず、情報収集に役に立つ。またタブレットの場合、考えを記録する際に、写真やグラフ等を簡単に作成し、加工できる。インターネット上にある資料を参照し、資料を整理したり保存したりし、学習成果を積み上げていくことが容易になる。つまり、情報システムを学習環境として児童に活用させることで、これまで限られた情報源（教科書）の中で行ってきたものの制限がなくなり、情報の収集、編集、発表、発信等を行う学習活動の幅が広がり、学びをより深化させることが可能になる。

4. ICT を活用した実践例

　絵本の読み聞かせなどでも、動画を活用してスライドで提示しながら行えば、一度に多くの児童を対象とした場合でも臨場感溢れる読み聞かせを実現でき、補助ツールとしても活用でき

る。例えば、次の図 12-5 は、"The Very Hungry Caterpillar" の作者である、Eric Carle が読み聞かせをしている YouTube 上の動画であるが、実際に作者の音声を聞きながら一緒に絵本を読めるため、まるで作者が目の前にいて読み聞かせをしてくれているような場面を教室に作り出すことができる。英語の発音やリズムなどの生の英語（authentic）の素材に容易に触れさせることができることは特に魅力的である。視覚に訴えることは、生きたモデルとなると同時に、児童の興味や関心を高める上でも有効である。インターネット上には、有名な絵本の読み聞かせの動画を多数見つけることができるので、適宜利用するとよいであろう。音声や動画を見つけることができなかった場合でも、書画カメラ等を利用してスクリーンに映し出して、ページごとに止めながら内容や絵に関する発問をし、クラス全員の児童が一緒のタイミングで同じ絵本の世界を共有して、考えさせる活動もできる。

　他にも、図 12-6 のように絵本の、ある部分の絵をズームアップし、その写真を見せながら、"What's this?" と発問し、児童の興味や関心を引くことや、色や形などの復習クイズ等にも活用するなど工夫次第で繰り返し再利用できる。では、実際の児童とのやり取りの例を紹介する。

『はらぺこあおむし』の絵本の活用例

・内容：絵本を使ってやり取りを行い、興味や関心を高める。
・準備物：絵本が載っているインターネットのサイト、絵本を写真で取り込んだ画像
・ねらい：絵本に出てくる絵を活用したやり取りを通して、絵本の内容に興味をもたせる。
　　　　　絵本に出てくる表現に繰り返し慣れ親しむことで、絵本の内容を理解し、楽しんで聞くことができる。

図 12-5　ICT を使った読みきかせの動画

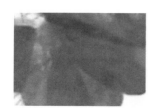

図 12-6　ICT を使った絵本のズーム例

・進め方：

T: What is this? （図 12-6 の絵本のズームの写真をスライドに提示する）

Ss: 葉っぱ？ Pumpkin? I don't know.

T: Leaf? Pumpkin? Good imagination.

T: What color is this?

Ss: Green. Orange. Yellow.

T: Very good. Green. Orange. Yellow.

T: What can you see? （別のズームの写真をスライドに提示し、見える範囲を広げる）

Ss: 靴？ 足？ Shoes? Legs?

T: OK, how about this picture? （あおむしの顔の写真を見せる）

Ss: あ～！ わかった！ はらぺこあおむしだ！

T: That's right. Do you know the name of this insect in English? （insect と言って指差す）

Ss: No.

T: Caterpillar.

Ss: Caterpillar.

T: The title is "The Very Hungry Caterpillar". Hungry. Show me the gesture "hungry".

Ss: （お腹がすいたことを表すジェスチャーをする）

T: Are you hungry, too? I am hungry, too. What do you want to eat? （食べるジェスチャー）

Ss: Chocolate cake. Strawberries. 焼肉！

T: Good. Chocolate cake? How many strawberries do you want to eat?

Ss: Two. Ten strawberries.

T: Here you are. （あげるジェスチャーをする） Are you still hungry?

Ss: Yes. 本物のケーキが食べたい。

T: How about the caterpillar? Is he hungry, too? What do you think?

Ss: Yes, he is hungry, too.

T: What food does he eat? Does he eat five strawberries?

Ss: No! イチゴは食べないでしょう。キャベツじゃない？ 葉っぱじゃないの？

T: Really? Cabbage? Green leaf? Let's check the answer. The author reads this book online. Let's listen.

考えてみよう・やってみよう

（3）外国語活動および外国語の授業では、どのような ICT を、どのように活用することができるか話し合ってみよう。学習への興味や関心を高める ICT の活用法を考え、その効果とメリットについて考えよう。

　注意すべき点は、ICT の有効活用であり、授業で ICT を使用すること自体が目的になってはいけない。したがって、これまでアナログで行っていたことをデジタル化することで、どのようなメリットがあるのかを考えることが大切である。つまり、学校にタブレットがあるから、何かしたいではなく、○○なことを行いたいから○○の機器を利用する、といった方向性で考えることが重要である。ICT の活用は、コミュニケーションを体験的に学んでいく際の手立ての 1 つであり、カルタや絵カードなどを実際に児童が手に取りながら学習する場面なども大切である。学習の目的や活動に応じて、児童の興味・関心をより高め、指導の効率化や言語活動の更なる充実を図るように ICT を活用しよう。他にも、ICT 活用の心構えとして、繰り返し利用するなど、常態化を目指そう。校内研修や研究授業などの際のみ利用するなど、客寄せパンダ的役割にしてはいけない。

デジタル教材の活用

　ICT といってもその種類は多岐にわたる。それでは、実際にデジタル教科書のコンテンツ例を確認してみよう。これは、東京書籍（2019）の『NEW HORIZON Elementary』の構成と QR コンテンツの紹介であり、インターネットサイトに掲載されているデジタル教材では電子黒板を使って教材の該当ページを拡大して提示することや、本文の音声を文字と同時に提示しながら再生すること、チャンツの練習（図 12-7）、リスニング時にどの部分を集中して聞けばよいのかを提示しながら聞かせたり、適宜止めたりする工夫（図 12-8）、動画を使ってペアワークのやり方のモデリングを示すこと（図 12-9）ができる。

　またパワーポイントは、フラッシュカードによる表現の練習、オリンピック・パラリンピック映像教材等の動画利用などができる。コミュニケーションを体験的に学ぶためのツールとし

図12-7　チャンツの例

図12-8　リスニングの例

図12-9　ペアワークの例

てさまざまな使用方法が考えられる。デジタル教材は、映像が多く含まれているので、場面設定も容易になり、児童の興味・関心を高める上でもきわめて有効である。

　学級担任が一人で授業を実施する際には特にICTは強力なツールになる。例えば、ペアワークやロールプレイングなどの方法の指示を映像で示すことで、ペアの役割分担や具体的な会話のイメージがわくため、児童も理解しやすくなる。

　さらに、ICTの効果的な使用方法の1つとして仮想の空間移動がある。『We Can! 1』のUnit 6 'I want to go to Italy.' に「有名な建物や食べ物などについてわかったことをメモしたり、おすすめの国を紹介したりしよう」、『NEW HORIZON Elementary English Course 6』のUnit 3 'Let's go to Italy.' に「行ってみたい国や地域と、その理由を伝え合おう」という活動があるが、デジタル教材に入っている写真や音声を活用し、観光、世界遺産、世界の食卓というテーマについて視覚的に理解させることができる。

Google Earth の活用

　デジタル教材が手元になくても、インターネットを経由してGoogle Earthを使えば、地球の衛星写真による地図データのストリーミング表示ができるため、有名な観光スポットの写真だけでなく、自分の自宅前や近所の公園、スーパーなど、全世界を対象とした写真（ストリー

図 12-10　コロッセオの写真

図 12-11　茨城大学の写真

トビュー）がその場で確認できる。例えば、次の図 12-10 は、イタリアのコロッセオの写真
だが、空からの写真や内部の写真まで確認できる。では、図 12-11 はどこだろうか。正解は、
茨城大学教育学部 A 棟前である。学生にとっては、日常の見慣れた風景であるが、初めて見
た人でもここまで具体的な場所の写真をパソコンやスマートフォンのアプリで容易に確認でき
ることに驚くであろう。スクリーン上に表示される、上下左右に向かう白矢印をクリックする
と、写真を自由自在に動かせるため、まるでその場を一緒に歩いているように一連の流れを説
明する際にも役に立つ。

考えてみよう・やってみよう

（4）次のどちらかの案を選択し、Google Earth を活用した実践例をグループで考えて発表し
　　よう。

案1「行ってみたい国や地域と、その理由を伝え合おう」6年生向けの活動

案2「場所をたずねたり答えたりしよう」5年生向けの活動

・内容・準備物・ねらい・進め方の項目を立てて、計画してみよう。

　これまでアナログで写真を印刷し、黒板に貼りながら説明していた場面でも、写真をスライド上に提示し、多量の例をテンポよく見せることで、飽きさせずに児童の視点を前に向けた状態で、さまざまな例を示すことができる。アナログの場合でも、黒板に提示したままにできるなどのメリットもあるが、デジタルであれば印刷する手間が省けるので、教師側の準備にかける時間も短くなるであろう。他にも、写真だけでなく動画を用いると映像と共に音声が流れるため、ナイアガラの滝の場面では実際の水が流れる音を聞かせることで、教室にいながらまるでその場にいるような気持ちにさせることもできる。

　また、映像や音声はボタン1つで何度も繰り返し再生できるため、目の前の児童の習熟度に応じて繰り返し再生して理解させたい。例えば、1回目では、目を閉じて音声のみに集中して聞き、2回目では目を開いて映像を見ながら聞くなどの工夫も容易にできる。他にも、音声の途中で再生を停止し、この後何が聞こえるか予想しようと発問し、答え合わせに続きの映像を流すことで、集中して聞かせたいポイントを教師側でコントロールすることも効果的である。

　教材で興味や関心が高まったことを取り上げて、インターネットで調べ、教材に載っていない情報やその他の国についても紹介したり、児童自身が自分の興味・関心のある国について調べたり、発見したことについての発表をすることも可能である。例えば、『We Can! 1』の p.45 の Let's Watch and Think 3 に、映像を見ながらリスニングし、聞き取った内容を線で結ぶ活動がある。ここでは、ラミントンというオーストラリアのお菓子や上下逆の世界地図が一例として紹介されているが、児童は初めて見るお菓子や世界地図に興味・関心が高まる。ICT を使って関連情報を示し、その更に知りたいという気持ちを刺激し、そのニーズに答えることもできるのが ICT の持つ力である。他にも、インターネットを活用すれば、気候で社会、貨幣で算数、言語で国語、建物で図画工作科、植物や動物で理科、食事で家庭科等、他教科で学習

したこととも容易に関連付けて具体例を示すことができ、教材や授業の幅が広がり、内容を深めることになる。

ビデオ通話やアプリを利用した実践（資料 3 を参照）

　ICT を活用したビデオ通話などの指導例の詳細については資料 3 や小林（2019b）を参照していただきたい。これらの指導例は、7 章「聞くこと・話すこと」で紹介した活動例の続きに位置付けている。ビデオ通話やアプリを活用すれば、容易にさまざまな国の人と実際に異文化交流学習を経験させ、他者意識をもって実際に外国の児童とコミュニケーションを行うことができる。その中で、社会や世界、外国語の背景にある文化の多様性に気づかせ、言語理解や異文化理解を深める手立てになるのが最大のメリットである。実践した経験がないと、敷居が高いと感じるかもしれないが、実際に体験してみるとこれほど手軽に世界中の教室と協同できる機会はあまりない。すでに、2020 年の段階でもこの実践は日本全国の小中高大で行われている。このような実践は、英語学習に対する態度や意識の変容、世界に対する興味や関心を高める効果が期待できるため、卒業後においても児童の継続的な学びに向かう力・人間性等を育むことに寄与するものであり、挑戦してもらいたい内容である。

（小林　翔）

第13章　学級担任とALTとのティーム・ティーチング

　本章で学習すること
・学級担任の役割
・ALTの協力の得方
・ティーム・ティーチングの仕方

　小学校の英語授業には、地域人材の方々が指導者として携わっている場合もある。その方々は、外国語指導協力員、外国語指導専門員、英語活動協力員、英語教育アドバイザー等のさまざまな名称で呼ばれている（猪井・真歩仁、2020）。本章では、便宜上、そのような地域人材の方々も外国語指導助手（ALT）の中に含める。

1. 学級担任の役割

　学習指導要領において、学級担任は英語の授業の計画・実施の中心的存在である（第2章参照）。具体的には、以下のような役割を持っていると考えられる。
① 児童の興味・関心に沿って、指導計画を立てること
② 授業を進行すること
③ 児童を指名すること
④ ALTから協力を得ること
⑤ 児童と一緒に活動に参加し、英語を使ってみようとする学習者モデルを示すこと
⑥ 児童をほめること
⑦ 児童を評価するとともに、自分の指導についても評価をすること

① 児童の興味・関心にそって、指導計画を立てること
　学級担任は小学校教育や児童の家庭環境も含め、一人ひとりのことをよく理解している。基本的には全教科を担当し、その指導内容も熟知している。児童の興味・関心にそって、授業を計画し、他教科の内容を英語の授業に取り込むことができる。

② 授業を進行すること
　週1回程度しか訪問しないALTなどは児童理解が十分でないことが予想される。そのようなALTに英語の授業をお任せにしてしまうと、児童は授業内容を十分理解できなくなり、英

語嫌いになってしまう可能性がある。英語教室に通っている児童だけが授業に参加し、英語が分からない児童は取り残され、英語の授業における児童の二極化が進む恐れがある。そうならないためにも、学級担任が児童の理解度を確認しながら、授業を進行することが大切である。その際に、クラスルーム・イングリッシュはかなり有効な手段となる。しかしながら、すべて英語でやる必要はもちろんない。

③　児童を指名すること

　学級担任が、授業を掌握するのには、児童の指名は有効な手段の1つである。この質問なら、この児童が答えることができるとか、この内容の質問なら○○さんがよく知っているなど、一人ひとりの児童に合わせて質問をすることが可能となる。児童に質問をすることで、授業の理解度もチェックできる。さらに、自分のことをあまり知らないALTからではなく、学級担任から指名された方が安心する児童もいるだろう。

④　ALTから協力を得ること

　学級担任は、児童理解に優れ、小学校教育のことを熟知していたとしても、英語の知識や運用面では十分ではないかもしれない。また、外国語教育の指導法等についても知識が不足しているかもしれない。そこで英語の知識や運用面に関しては、ALTなどに補っていただくのである。難しい英語の表現なら、簡単な表現で何といったらよいかなどを尋ねることができる。英語の面ばかりでなく、ALTは異文化の体現者であるので、自分の出身地のこと、自分の国の文化などについて話してもらうことで、異文化に対する児童の興味・関心を喚起することができる。

　外国語の指導法については、学級担任、ALTともに、多少なりとも研修を積む必要がある。日本語の母語話者である皆さんが海外で、すぐ日本語を教えられるかということを考えてみれば、指導法についての研修は必須であることがよくわかる。

⑤　児童と一緒に活動に参加し、英語を使ってみようとする学習者モデルを示すこと

　学級担任は、児童とともに英語を学ぼうとする学習者モデルであることを忘れてはいけない。英語のモデルはALT（英語の堪能な地域人材の方も含む）である。学級担任が拙い英語で、ジェスチャーを交えながら、何とかコミュニケーションを使用とする態度は、児童に安心感を与えるのである。学級担任自身も、児童とともに英語を学ぼうとすることで、児童の不安感やつまずきを理解することが可能となる。

⑥　児童をほめること

　学級担任の先生からほめられることは、児童にとってとてもうれしいことである。児童が活動に参加したり、英語を聞き取ってみようとしていたら、そのこと自体をほめたいものである。仮に、児童が英語を間違って言っても、'Nice try!' などと言って、発表したこと自体をほめたいものである。

⑦　児童を評価するとともに、自分の指導についても評価をすること

　他の教科と同様に、児童を評価する。外国語活動と外国語では、その評価方法は多少異なる。その際に、知識・技能（スキル）面ばかりでなく、興味・関心・意欲などの情意的な面からも評価をする。さらに、自分の指導についても評価し、今後の指導の改善を図る（詳細は第6章を参照）。

考えてみよう・やってみよう

(1)　学級担任の役割を7つ述べたが、将来小学校の教員として英語の授業を実践する際に、どれが難しいと思うか。それはなぜか。グループで意見を出し合おう。

2.　ALTからの協力を得る

（1）　ALTとの信頼関係を築く

　学級担任はALTとの信頼関係を築くことが一番大切である。そのためには、職員室にALTの居場所（机など）を用意し、同じ学校の職員として扱い、お客さん扱いをしないことである。直接、授業でティーム・ティーチングをしない他の教員にも積極的にコミュニケー

ションをとってもらう。次に、ALT と英語で話してみる。日本語を交えてもよい。笑顔で、アイコンタクトを取りながら話すとよい。学級担任と ALT との信頼関係はとても重要である。信頼関係がないと、どんな指導法を用いても、ティーム・ティーチングはうまくいかない。

（2）ALT との小学校英語教育についての相互理解

　ALT には、小学校英語教育の目標を理解してもらうように努める。中学年の外国語活動なら、基本的には英語の音声や基本的表現を聞くこと、話すことに慣れ親しませ、コミュニケーションを図ろうとする態度を育てることが大切であり、発音とか文法の習得を第一の目標とはしていない。高学年を対象とする外国語科なら、外国語活動を一歩進め、慣れ親しんだ音声や基本的表現を「ゆっくりと話されれば聞き取ることができる」ように、「簡単な語句や基本的な表現を用いて話すことができる」ように基礎的な能力を身に付けることも目標にはあるが、コミュニケーションを図ろうとする態度がやはり重要であると説明する。とりわけ、英語を読むこと・話すことに関しては、あくまで慣れ親しませる段階にとどめておく点も付け加える。

　ALT には英語のスキル養成ばかりをお願いしないことが大切である。週1、2時間の授業では、なかなか英語は身につかないことを互いに理解し（第4章参照）、児童が英語を積極的に使ってみようとする態度を大いに評価するようにお願いする。発音や文法（形式）の習得を目標として、意味の分からない英語表現を何度も繰り返し練習するようなことは極力避けるべきである（第5章参照）。いわゆる目的の明白でない機械的なドリル型の練習は、だれが指導しても児童の学習意欲を削いでしまう。

　当然ながら、ALT にはゆっくり話してもらう。難しいと思われる表現なら、簡単な英語で言い換えてもらったり、繰り返してもらったり、絵を描いたりてもらったり、ジェスチャーを使ってもらったりするなどして、いわゆる Teacher Talk（第14章参照）をお願いする。学級担任が安易に日本語を使って、ALT の英語を和訳することは避けたい。日本語を話せる ALT であっても、安易に日本語を使わないようにお願いする。それは英語を聞くことに慣れる、インプットを増やすためである。

　学級担任は、英語学習者モデルであることを ALT に理解してもらう。それも、学習者モデルとは、言語形式（発音・文法）の正確さではなく、何とか自分の言いたいこと、つまり意味を相手に伝えようとすること、そして、相手の言いたいこと、つまり意味を理解しようとする、言い換えればコミュニケーションをしようとするモデルであることを理解してもらう。学級担任は、自分の英語の発音に自信がなくても、英語をうまく話せなくても、なんとか頑張って英語を使ってみようとする姿勢を見せることが児童にとっては大事であることを認識し、そのことを ALT にも理解してもらう。

（3） ALT にアイディアを出してもらう

　学級担任は、すべて１人で授業を展開する必要はない。あくまでその中心的役割を担えばよいのであって、具体的な活動のアイディアを ALT にお願いすることも可能である。例えば、数を扱った活動をやりたいが、何か適当な活動を１〜２つアイディアを出してほしいとお願いする。事前の打ち合わせで、児童の理解度に合っていることがわかっていれば、その活動を授業中にすることをお願いする。

　3．ティーム・ティーチングの仕方

（1） 学級担任（HRT）は子どもたちの前に立ち、Greeting を英語で始める

HRT: Hello, class! Let's begin.

　　　　Hello, Judy-sensei. How are you?

ALT: Fine, thank you. How are you, Tanaka-sensei?

HRT: Fine, thank you. Judy-sensei, say "Hello" to class, please.

ALT: Hello, class! How are you?（児童とのやり取り）

　　　　Tanaka-sensei, what do we do today?

HRT: Today, we do 〜, 〜, and 〜.

（HRT および ALT がその日の活動を掲示等により可視化したものを確認する）

（また、興味を引くために、すぐには伝えず、後で言う手法もある）

（2） HRT は ALT の指示の一部を繰り返す

HRT: Class, our first activity is 〜. Please listen to Judy-sensei.

　　　　OK?　（どのような授業展開にするかの打ち合わせは必要）

ALT: OK. First, make pairs and do *janken*.

HRT: Pairs. Make pairs. OK? Do *janken*.（ALT の言ったことの一部をゆっくり繰り返す）

　　　　（ALT の言ったことがわからなければ）

HRT: I beg your pardon? Judy-sensei, please（speak）more slowly. Once more, please.

　　　　（ALT にゆっくり言ってもらったら）

　　　　I see. Thank you. Pairs. Make pairs and do *janken*.

　　　　（英語学習者としてのモデルを児童に示す）

（3） 英語で何と言ってよいかわからない場合

①　Judy-sensei. How do you say 〜 in English?（日本語がわかる ALT の場合）

②　なんとか他の表現で。

I like れんこん。It's a vegetable. Holes. Judy-sensei, do you know it?

（絵を描いてもよい）

How do you say it in English?

Lotus root. I see.（教えてもらったら）Thank you.

　このようにして、学級担任は ALT とのやり取りを通して、英語学習者モデルを児童に示すことができる。英語で何と言ってよいかわからない時は、どのようにしたらよいかを自らが示すのである。

考えてみよう・やってみよう

（2）グループ内で、HRT 役と ALT 役に分かれて、授業の開始の部分（挨拶の部分）を英語でやってみよう。やってみて、気付いたことを話し合おう。終わったグループは上記（3）－②も「れんこん」以外でやってみよう。

（3）ティーム・ティーチングの長所、留意点等をグループで話し合おう。

（4）打ち合わせ・振り返りをする

　短時間でも、ALT と打ち合わせはする。せめて、本日の授業の流れを箇条書きでよいので ALT と相互確認をする。打ち合わせは、授業の開始数分前に実施することがよくあるが、実

施しないよりはるかによい。授業後も、短時間でよいので振り返りをし、次回の指導に役立てたい。

　小学校英語の授業は、あくまで学級担任が主体的に授業を計画し、実施することが大切である。学級担任は児童理解が深く、集団としての学級づくりには欠かせない存在である。同時に、学級担任は英語学習者モデル、つまり、英語を使用してコミュニケーションをしようとするモデルであることを十分理解し、ALT に授業をお任せにすることは避けるべきである。

（猪井　新一）

第14章　Teacher Talk とクラスルーム・イングリッシュ

本章で学ぶこと
・Teacher Talk とは
・Teacher Talk の仕方
・クラスルーム・イングリッシュ

1. Teacher Talk とは

　指導者が、学習者向けに用いる話し方を Teacher Talk と言う。小学校の場合は、学習者は児童であり、児童に向けた教師の語りである。英語が苦手な学級担任でさえ、やり方次第では、十分な Teacher Talk ができる。クラスルーム・イングリッシュをできるだけ多く使うことも、学級担任の Teacher Talk の第一歩である。すべて英語で授業を進めようなどとは考える必要はなく、少しずつクラスルーム・イングリッシュを使えばよい。学級担任が英語を使おうとする姿は児童に勇気と安心感を与える。Teacher Talk は英語を用いて行うことになるから、児童に意味が伝わるように十分配慮する必要がある。そのために、話すスピードはもちろんであるが、以下のような工夫が必要である。

（1）ジェスチャーを用いる

　指導者が英語による指示を出す際に、ジェスチャーを用いることで、児童は英語の音声を理解できなくても、ジェスチャーを見れば何を言われているか理解が可能となる。例えば、両手の手のひらを上に向け、両手を下から上へ移動させながら、'Stand up, please.' と言い、立ち上がるように指示する。'please' をつけると、丁寧になる。別な例として、片方の手を上げながら 'Do you have any question?' と言うことも可能である。

（2）難しい表現は、簡単な表現に言い換える

　例えば、指導者が 'I don't like caterpillars.' と言いたいとする。おそらく児童は、'caterpillar' という音声を理解しない。そこで、すぐ、「毛虫」と和訳を用いるのでなく、'It's an animal, very small, it moves slowly, Baby butterfly. Do you know it?' などのように簡単な英語で言い換え、何のことを言っているのかを児童に類推させる。また、ジェスチャーを用いたり、絵を描いてもよい。

（3） 視覚的なものを利用する

上述したが、絵を描いたり、視覚的なものを利用することで、難しい表現を理解させることができる。例えば、ある ALT は教材にある英文を読んでいて、次のような表現は児童にとって理解が難しいと考えた。'I like science. I want to help the earth.' まず、'science' を説明するのに、教室に掲示されている時間割に注目させ、「理」の箇所を指さして 'This is science. OK?' と言った。次に 'earth' を理解させるために、黒板に丸い地球を描き、'This is the earth.' のように語った。ALT は、学級担任の先生に 'Please translate it into Japanese.' と協力を求めることができたが、できるだけ、日本語に頼ることなく、児童に理解させようとしていた。

（4） 繰り返しを用いる

重要な単語・語句を繰り返すことで、児童の理解を促進することができる。例えば、色の学習をしていて、'I like blue. I like blue.' のように、自分の言ったことを繰り返すことが可能であり、一度だけよりは二度繰り返したほうが、わかりやすい。当然、青色のペンや色紙も指さしながら、言った方がさらによい。

また、相手の言ったことの一部を繰り返すことで、「私はあなたのことをきちんと聞いていますよ」というメッセージを伝えることができる。例えば、色の学習で児童が 'I like white.' のように言ったら、学級担任は 'White. You like white. Good!' のように児童の言ったことの一部あるいは全部を繰り返すとよい。ALT が言ったことの一部を学級担任が繰り返すことも、学級担任の Teacher Talk と言える。次の例で具体的に見てみよう。

HRT: Where did you go yesterday?

ALT: Yesterday? I went to Asakusa. I enjoyed Asakusa very much.

HRT: Oh, Asakusa. You went to Asakusa. I see.

ALT が 'Asakusa' と言った部分を 'Oh' をつけて繰り返し、さらに 'You went to Asakusa.' のように、文を用いて繰り返しをしている。このような HRT の繰り返しは、情報量的には 'I see' とほぼ同じであるが、ALT に私はあなたのことをきちんと聞いてますよというメッセージを伝えている。このように相手の言ったことの一部を繰り返すことは、Teacher Talk の効果的なやり方の１つと言える。

（5） インタラクションを入れる

教師が一方的に話しすぎるのは、どんなに繰り返しや、言い換え等を用いても、あまり効果がない。児童へ質問をしたり、児童のつぶやきなどを拾いながら、児童とのやり取り（インタラクション）を入れながら話を展開することは大切である。

（6）日本語を適宜使う

　もちろん英語の授業なので、なるべく英語を使いたいが第4章で示したように、母語である日本語を有効に使い、児童の理解を助けて安心できる授業を運営したい。また、日本語と英語との違いなどを児童とともに考えるのにも、上手に使っていただきたい。なんでも ALT が言うことを訳す同時通訳のような役割だけは避けてほしい。児童が HRT の日本語訳を当てにして、ALT の英語を聞かなくなるおそれがあるからである。適宜、日本語を利用したい。

考えてみよう・やってみよう

（1）'Where did you go last Sunday?' の質問文を利用して、パートナーと話してみよう。その際に、Teacher Talk の特徴を話の中に入れてみよう。3人グループで行い3人目の人は観察して、フィードバックをあげよう。それぞれ役割を交換し、3回やってみよう。

（2）以下の英語の表現を、日本語を使わずに、簡単な英語の表現を用いてパートナーに説明してみよう。

　　①　ambulance（救急車）　　　　④　vet（獣医）

　　②　abacus（そろばん）　　　　　⑤　dietitian（栄養士）

　　③　microwave（電子レンジ）　　⑥　centipede（ムカデ）

（3）上記（1）と（2）の課題を通して、気付いたことを話し合いなさい。

2．クラスルーム・イングリッシュ

　クラスルーム・イングリッシュとは、指導者が英語の授業を展開するときに用いる英語表現であり、小学校、中学校、高校の校種を問わず使用される。挨拶や指示などが含まれるが、ほぼ決まり文句のようなものであり、小学校学級担任は、少しずつクラスルーム・イングリッシュを授業中使用すると、英語らしい授業が可能となる。ただ、発音を含めあまり正確さは求めず、間違いは気にしなくてよい。あくまで英語を使ってみようとする学習者モデルを児童に示すことができればよい。今日の授業では、この表現を使ってみようというような目標を持つとよい。それを毎回継続すれば、1年も経つと、相当なクラスルーム・イングリッシュを覚え

ることとなる。

考えてみよう・やってみよう

(1) 「ほめる・励ます」のクラスルーム・イングリッシュ（p.178を参照）を使用する授業場面をペアで考え、2人で寸劇をしよう。ペアを組み、一人が教師役、もう一人が児童役。この章で紹介したクラスルーム・イングリッシュを意識して、できるだけ多く活用しよう。

（準備時間：5分　発表時間：1分）

(2) 「Greetingと授業開始」のクラスルーム・イングリッシュ（p.175-p.176を参照）を使用する授業場面を想定したロールプレイを行おう。4人グループを組み、2人が教師役のティーム・ティーチングの形態で、もう2人が児童役になる。（準備時間：5分　発表時間：2分）発表は2グループで交代に行う。見るグループは、クラスルーム・イングリッシュの回数をカウントしよう。

(3) アクティビティを1つ考え（第7章、8章から選んでもよい）、この章で紹介したクラスルーム・イングリッシュを意識して、できるだけ多く活用しよう。場面はアクティビティの導入とする。（準備時間：10分　発表時間：5分）

****

1. Greeting

(1) Good Morning, class!　　　　　　皆さん、おはようございます。

(2) Hello/Good afternoon, class!　　　皆さん、こんにちは。

(3) How are you?　　　　　　　　　お元気ですか。

　　I'm fine/great/sleepy/hungry.　　元気です / 眠いです / お腹が空いています。

(4) What day is it today?　　　　　　今日は何曜日ですか。

　　It's Friday.　　　　　　　　　　金曜日です。

(5) What date is it today?　　　　　　今日は何月何日ですか。

　　It's ～ .　　　　　　　　　　　　今日は～です。

(6) How's the weather?　　　　　　　天気はどうですか。

　　It's sunny/cloudy/rainy/windy/snowy.晴れです / 曇りです / 雨です / 風が強い / 雪です

(7) Nice to meet you.　　　　　　　　はじめまして。

　　Nice to meet you, too.　　　　　　こちらこそ。

2．授業開始

(1) Let's begin/start.　　　　　　　始めましょう。

(2) It's time to enjoy English.　　　英語を楽しむ時間です。

(3) It's time to start our English class.　英語の授業を開始する時間です。

(4) Stand up.　　　　　　　　　　立ってください。

(5) Sit down.　　　　　　　　　　座ってください。

(6) Sit up straight.　　　　　　　背筋を伸ばして座ってください。

(7) Let's study English.　　　　　英語の学習を始めましょう。

(8) Who's absent?　　　　　　　　お休みは誰ですか？

(9) Are you ready?　　　　　　　　準備はいいですか。

3．授業中の基本的な指示

(1) Listen carefully.　　　　　　　ちゃんと聞いてください。

(2) Look at the blackboard/this picture.　黒板／この絵 を見てください。

(3) Open your textbook to page 5.　教科書の5ページを開いてください。

(4) Close your textbook.　　　　　教科書を閉じてください。

(5) Turn (over) the page.　　　　　ページをめくってください。

(6) Point at the letter T.　　　　　Tの文字を指さしてください。

(7) I'll past out the worksheets.　　ワークシートを配ります。

(8) Here you are.　　　　　　　　はい、どうぞ。

(9) Write your name on the worksheet.　ワークシートに名前を書いてください。

(10) What do you see in the worksheet?　ワークシートに何が見えますか。

(11) How many cats do you see in the worksheet?　ワークシートにネコが何匹見えますか。

(12) Raise your hands.　　　　　　手を挙げてください。

(13) Close your eyes.　　　　　　　目を閉じてください。

(14) Talk with your partner.　　　相手と話してください。

(15) One minute left.　　　　　　あと残り1分です。

(16) Put your pencil down./Pencil down.　鉛筆を置いて下さい。

(17) Let's count the dogs.　　　　　犬を数えましょう。

(18) Clap your hands twice/two times.　手を2回たたいてください。

(19) Come here.　　　　　　　　　こちらに来てください。

(20) Come to the front.　　　　　　前へ来てください。

(21) Go back to your seat. 席へ戻ってください。

(22) Take out your file. ファイルを取り出してください。

(23) Any volunteers? やってみたい人はいませんか。

(24) Attention, please. 注目してください。

(25) Repeat after me. 私の後に続いて、繰り返してください。

(26) Once more, please. もう一度、お願いします。

(27) A little louder. もう少し大きな声で。

(28) One, two, せーの。（掛け声）

(29) Clear your desks. 机の上を片付けてください。

(30) Do you have a crayon? クレヨンはありますか。

(31) Time/Time's up. 時間です。

(32) Are you finished? /Finished? 終わりましたか。

(33) Give me your worksheets. ワークシートを提出してください。

(34) This is your homework. これは宿題です。

4. 活動をする際の表現

(1) Let's sing BINGO. BINGO を歌いましょう。

(2) Do you know this song? この歌を知っていますか。

(3) Get into pairs/Make pairs. ペアになってください。

(4) Get into groups of three. 3 人組になってください。

(5) Change your partners. パートナーを変えてください。

(6) Put your desks together. 机を寄せてください。

(7) Face each other. 互いに向かい合ってください。

(8) Put your desks together to face each other. 向かい合うように机を寄せてください。

(9) Sit in a circle 丸く座ってください

(10) Make a circle. 円になってください。

(11) Line up. 整列してください。

(12) Move your desks to the back. 机を後ろに寄せてください。

(13) Let's do *janken*. じゃんけんをしましょう。

(14) Rock, scissors, paper, One, two, three, ぐう、ちょき、ぱー、1, 2, 3,
    Shoot. One, two, three, shoot. あいこでしょ。

(15) Who starts? 誰からはじめるの。

(16) It's your turn. あなたの番です。

(17)	Who's next?	次は誰ですか。
(18)	Who won?	誰（どちら）が勝ちましたか．
(19)	How many bingos do you have?	ビンゴはいくつできましたか。
(20)	How many cards do you have?	何枚カードを持っていますか。
(21)	How many points did you get?	何ポイント取れましたか。
(22)	Count your cards.	カードを数えてください。
(23)	Can you see this?	これが見えますか。
(24)	Put an eraser between you and your partner.	あなたと相手の間に消しゴムを置いてください。
(25)	I have two hints. Hint one is…. Hint two is….	ヒントが２つあります。１つ目は〜、２つ目は〜。
(26)	Take out your cards.	カードを取り出してください。
(27)	Put cards face down.	カードを裏返しに置いてください。
(28)	Take one card.	一枚カードをとってください。
(29)	Show me your card.	あなたのカードを見せてください。
(30)	Group A is the winner.	A 班の勝ちです。
(31)	It's a draw/tie.	引き分けです。
(32)	Walk around the classroom.	教室を歩き回ってください。
(33)	Touch your ear/nose/knee/arm.	耳／鼻／ひざ／腕をさわってください。

5．ほめる・励ます

(1)	Good/Great/Nice/Well done/Perfect.	よくできました。
(2)	Good job.	よくやりましたね。
(3)	You can do it.	できるよ。
(4)	Close/Almost.	惜しい。
(5)	Nice try.	よく頑張ったね。
(6)	Don't worry.	心配しないで。
(7)	Don't be shy.	恥ずかしがらないで。
(8)	Take it easy.	落ちついて。
(9)	Take your time.	ゆっくりと，焦らないで。
(10)	Don't give up.	あきらめないで。
(11)	Let's give Takashi a big hand.	孝君へ大きな拍手をしよう。
(12)	Thank you for your help.	手伝ってくれてありがとう。

6. 授業終了

(1) Ok. Today's class is over. これで今日の授業は終わりです。

(2) Did you have fun? 楽しかったですか。

(3) Any questions? 質問はありますか。

(4) See you（next time）. また、あとで。

7. あいづち

(1) I see. なるほど。わかりました。

(2) Really? 本当？

(3) You are right. /That's right. その通り。

(4) Let me see. /Well ～ . えっと。

8. 学校生活に関する表現

(1) school bag/ruler/scissors/eraser ランドセル / 定規 / はさみ / 消しゴム

(2) pencil/ball-point pen/crayon 鉛筆 / ボールペン / クレヨン

(3) teacher's desk/timetable 教卓 / 時間割

(4) teaching plan/lesson plan 指導案

(5) homeroom teacher 学級担任

(6) 10-minute break/school lunch 10分の休み時間 / 給食

(7) cleaning time/club activities 清掃の時間 / クラブ活動

(8) group one/group five 1班 / 5班

(9) second graders/sixth graders 2年生 / 6年生

（猪井　新一）

資　　料

1　小・中・高等学校の外国科教育の目標の比較

2　新学習指導要領と CEFR

3　ビデオ通話やアプリを利用した実践

資料 1　小・中・高等学校の外国語科教育の目標の比較

　平成 20 年告示小学校学習指導要領解説外国語活動編、平成 29 年 3 月告示小学校学習指導要領解説外国語活動・外国語編、平成 29 年 3 月告示中学校学習指導要領解説外国語編、平成 30 年 3 月告示高等学校学習指導要領解説外国語編・英語編の目標を概観し、比較する。どういった内容が発展し、規定されているかを深く理解し、小中高それぞれの目標が、内容的に一つのつながりを持っていることに気づくことが大切である。

外国語活動・外国語科の目標			
	小学校第 3 学年及び第 4 学年 外国語活動	小学校第 5 学年及び第 6 学年 外国語	中学校 外国語	高等学校 外国語
	外国語によるコミュニケーションにおける見方・考え方を働かせ、外国語による聞くこと、話すことの言語活動を通して、コミュニケーションを図る素地となる資質・能力を次のとおり育成することを目指す。	外国語によるコミュニケーションにおける見方・考え方を働かせ、外国語による聞くこと、読むこと、話すこと、書くことの言語活動を通して、コミュニケーションを図る基礎となる資質・能力を次のとおり育成することを目指す。	外国語によるコミュニケーションにおける見方・考え方を働かせ、外国語による聞くこと、読むこと、話すこと、書くことの言語活動を通して、簡単な情報や考えなどを理解したり表現したり伝え合ったりするコミュニケーションを図る資質・能力を次のとおる育成することを目指す。	外国語によるコミュニケーションにおける見方・考え方を働かせ、外国語による聞くこと、読むこと、話すこと、書くことの言語活動及びこれらを結び付けた統合的な言語活動を通して、情報や考えなどを的確に理解したり適切に表現したり伝え合ったりするコミュニケーションを図る資質・能力を次のとおり育成することを目指す。
（知識及び技能）	(1) 外国語を痛して、言語や文化について体験的に理解を深め、日本語と外国語との音声の違い等に気付くとともに、外国語の音声や基本的な表現に慣れ親しむようにする。	(1) 外国語の音声や文字、語彙、表現、文構造、言語の働きなどについて、日本語と外国語との違いに気付き、これらの知識を理解するとともに、読むこと、書くことに慣れ親しみ、聞くこと、読むこと、話すこと、書くことによる実際のコミュニケーションにおいて活用できる基礎的な技能を身に付けるようにする。	(1) 外国語の音声や語彙、表現、文法、言語の働きなどを理解するとともに、これらの知識を、聞くこと、読むこと、話すこと、書くことによる実際のコミュニケーションにおいて活用できる技能を身に付けるようにする。	(1) 外国語の音声や語彙、表現、文法、言語の働きなどの理解を深めるとともに、これらの知識を、聞くこと、読むこと、話すこと、書くことによる実際のコミュニケーションにおいて、目的や場面、情況などに応じて適切に活用できる技能を身に付けるようにする。
（思考力、判断力、表現力等）	(2) 身近で簡単な事柄について、外国語で聞いたり話したりして自分の考えや気持ちなどを伝え合う力の素地を養う。	(2) コミュニケーションを行う目的や場面、状況などに応じて、身近で簡単な事柄について、聞いたり話したりするとともに、音声で十分に慣れ親しんだ外国語の語彙や基本的な表現を推測しながら読んだり、語順を意識しながら書いたりして、自分の考えや気持ちなどを伝え合うことができる基礎的な力を養う。	(2) コミュニケーションを行う目的や場面、状況などに応じて、日常的な話題や社会的な話題について、外国語で簡単な情報や考えなどを理解したり、これらを活用して表現したり伝え合ったりすることができる力を養う。	(2) コミュニケーションを行う目的や場面、状況などに応じて、日常的な話題や社会的な話題について、外国語で情報や考えなどの概要や要点、詳細、話し手や書き手の意図などを的確に理解したり、これらを活用して適切に表現したり伝え合ったりすることができる力を養う。
（学びに向かう力、人間性等）	(3) 外国語を通して、言語やその背景にある文化に対する理解を深め、相手に配慮しながら、主体的に外国語を用いてコミュニケーションを図ろうとする態度を養う。	(3) 外国語の背景にある文化に対する理解を深め、他者に配慮しながら、主体的に外国語を用いてコミュニケーションを図ろうとする態度を養う。	(3) 外国語の背景にある文化に対する理解を深め、聞き手、読み手、話し手、書き手に配慮しながら、主体的に外国語を用いてコミュニケーションを図ろうとする態度を養う。	(3) 外国語の背景にある文化に対する理解を深め、聞き手、読み手、話し手、書き手に配慮しながら、主体的自律的に外国語を用いてコミュニケーションを図ろうとする態度を養う。

図 1　小・中・高等学校の英語科教育の目標

（文部科学省、2019a、p.306）

1. 小学校学習指導要領（2008）における外国語活動の目標

平成 20 年 3 月告示小学校学習指導要領解説外国語活動編

> 「外国語を通じて、言語や文化について体験的に理解を深め、積極的にコミュニケーションを図ろうとする態度の育成を図り、外国語の音声や基本的な表現に慣れ親しませながら、コミュニケーション能力の素地を養う」 （文部科学省、2008、p.7）。

　平成 20 年の学習指導要領外国語活動編は、自分が言った英語が相手に通じたり、言葉の意味を推測して相手の言っている英語がわかったという体験を通したりしてコミュニケーションを図る態度を育成することが目的であったと言える。平成 29 年 3 月告示の小学校学習指導要領外国語活動編との共通点は体験学習であり、コミュニケーション能力の素地の育成を重視している点である。相違点は、「主体的にコミュニケーションを図り、体験的に身に付ける」ことが明示されている点である。つまり、コミュニケーションを図る際に、必然的に英語を用いる場面を設定し、相手とのやり取りを楽しめる工夫や、自ら伝えたくなる仕掛けが重要視されるようになったと言える。

2. 小学校外国語科と中学校外国語科の目標の比較

平成 20 年 3 月告示中学校学習指導要領解説外国語編

> 「外国語によるコミュニケーションにおける見方・考え方を働かせ、外国語による聞くこと、読むこと、話すこと、書くことの言語活動を通して、簡単な情報や考えなどを理解したり表現したり伝え合ったりするコミュニケーションを図る資質・能力を次のとおり育成することを目指す」 （文部科学省、2018b、p.10）。

　小学校外国語の基礎から、中学校では簡単な情報や考えなどを理解したり表現したり伝え合ったりできるようなコミュニケーションを図る資質・能力へと、段階的に高いレベルの資質・能力の育成が目指されている。そのためには、適切な言語材料の活用や、思考・判断して情報を整理することが大切である。また、他者との双方向のコミュニケーションに焦点を当てて自分の考えなどを形成、再構築することも重要になっている。

3. 中学校外国語科と高校外国語科の目標の比較

平成 30 年 3 月告示高等学校学習指導要領解説外国語編・英語編

> 外国語によるコミュニケーションにおける見方・考え方を働かせ、外国語による聞くこと、読むこと、話すこと、書くことの言語活動及びこれらを結び付けた統合的な言語活動を通して、情報や考えなどを的確に理解したり適切に表現したり伝え合ったりするコミュニケーションを図る資質・能力を次のとおり育成することを目指す」 （文部科学省、2019a、p.12）。

中学校の「簡単な情報や考えなどを理解したり表現したり伝え合ったりする」から、「情報

や考えなどを的確に理解したり適切に表現したり伝え合ったりできるような」と、より高いレベルのコミュニケーションを図る資質・能力の育成が段階的に目指されている。さらに、聞くこと、読むこと、話すこと（やり取りと発表）、書くことの4技能5領域を関連付けた技能統合型における指導を明示し、4技能をバランスよく効果的に指導することが求められている。「的確に理解」するとは、目的や場面、状況などに応じて情報を精査し、「聞くこと」や「読むこと」を通して理解することである。「適切に表現したり伝え合ったりする」とは、コミュニケーションを行う目的や場面、状況など、話題や内容に応じて既存の知識や体験などとも関連付けながら論理性などを適切に判断し、「話すこと」「書くこと」を通して表現したり伝え合ったりすることが求められるようになっているということである。

4. 育成を目指す資質・能力の3つの柱の比較

（1）知識および技能についての目標

　小学校外国語科と中学校外国語科との違いは、中学校では、文法という言葉が追加され、「基礎的な技能」のうち、「基礎的な」の文言がなくなっている。小学校外国語科では、「読むこと」「書くこと」については文字に慣れ親しむとしており、「聞くこと」「話すこと」と同等の指導を求めるものではなかったが、中学校卒業時には、4技能5領域の技能を統合的に育成することが求められている。単に知識や技能を身に付けるのではなく、それらを状況や課題に応じて活用できる力が求められている。

　さらに、高等学校では、理解するから「理解を深める」へと変化し、目的や場面、状況などに応じて適切に活用できる技能を身に付けるように熟達していくことを求めている。理解を深めるとは、「新しい知識を確実に習得しながら、既存の知識や技能と関連付けたり組み合わせたりしていくことにより、学習内容の深い理解と、個別の知識の定着を図るとともに、社会における様々な場面で活用できる概念としていくことである」（文部科学省、2019a、p.14）。目的や場面、状況などに応じて適切に活用できる技能を身に付けるとは、「一定の手順や段階を追って身に付く個別の技能のみならず、獲得した個別の技能が自分の経験やほかの技能と関連付けられ、変化する状況や課題に応じて主体的に活用できる技能として習熟・熟達していくということである」（文部科学省、2019a、p.14）。つまり、目的や場面、状況、相手の反応などを踏まえた上で、適切な語彙や表現などを選択して活用する技能を身に付けることを目標としている。

（2）思考力、判断力、表現力等についての目標

　小学校外国語では、コミュニケーションを行う目的や場面、状況などに応じて、「身近で簡単な事柄」について聞いたり話したりするであったが、中学校や高等学校では「日常的な話題

や社会的な話題」として扱うことに変化している。思考力、判断力、表現力等を育てるためには、技能統合的な言語活動を設定し、教科書本文を深く理解させるための工夫が大切である。

　さらに、中学校では、「外国語で簡単な情報や考えなどを理解したり、これらを活用して表現」とされていたのが、高等学校では、「簡単な」という文言がなくなり、「外国語で情報や考えなどの概要や要点、詳細、話し手や書き手の意図などを的確に理解したり、これらを活用して適切に表現」と加えられており、使用すべき語彙や表現などが高度化している。これは、目的に応じた情報の精査や、話題や内容、相手に応じた語彙や表現の選択、伝える内容の的確な理解など、論理性などに留意して自分の言葉として適切に表現することが求められている。つまり、高等学校では生徒の発達段階に応じてより深く多面的・多角的な考察や、自分のこととして捉えたり、主体的に考えたりすることができるような工夫が必要であることを示している。

（3）　学びに向かう力、人間性等についての目標

　中学校と高等学校の外国語科においては、改定前は、「言語や文化に対する理解を深め」としていたが、改定後の学習指導要領では、「外国語の背景にある文化」とし、その意味合いを明確にしている。これは、国が違えば文化や習慣は異なり、相手の外国語の文化的背景によって配慮の仕方も異なってくるためである。また、寛容の精神や平和・国際貢献などの精神、多面的思考ができるような人材を育てることも重要視している。なお、小学校の外国語科では、「他者に配慮しながら」としているのに対し、中学校外国語科においては、「聞き手、読み手、話し手、書き手に配慮しながら」としている。これは、4技能5領域をバランスよく育成するために、領域統合型の言語活動を重視しているからである。これは対話的な学びの相手意識の重要性が反映されている。

　高等学校では、「主体的」に加え、「自律的に」が追加されている。これは、「学習内容等が高度化・複雑化する高等学校においては、授業等において言語活動を通して実際にコミュニケーションを図るだけでなく、それらのコミュニケーションを通して自分にはどのような力が足りないか、どのような学習がさらに必要かなどを自ら考え、それぞれが授業での言語活動を充実させるための努力を授業外でも続けようとするより自律的な態度がいっそう強く求められることと関連している」（文部科学省、2019a、p. 17）。これは生涯学習を意識した文言となっている。

5. 話すこと（やり取り）の比較

　最後に、今回の改訂で新たに設定された領域である「話すこと（やり取り）」に焦点を当てて、小・中・高等学校のつながりを確認する。特に、小学校におけるやり取りについて考えてみよう。

やり取りの相手について
　　外国語活動：学級の友達や教師、知っている ALT 等
　　外国語科：クラス替えによる新しい友達や新しく赴任した ALT 等の初対面の人

内容について
　　外国語活動：身の回りのことについて、指示や依頼に応じる活動
　　外国語科：日常生活に関する身近で簡単な事柄について、相手の依頼に自分で考え判断し、応じたり断ったり、自分の気持ちや考えを伝え合う活動。

方法について
　　外国語活動：教師や友達のサポートを受けながら、やり取りを進める。
　　外国語科：自分で質疑応答の内容を考えて、自分の力で伝え合う。これまでの学習や経験で蓄積した英語での話す力・聞く力を駆使して、簡単な語句や基本的な表現を用いて自分の力でその場で質問したり、答えたりする。

「指示に応じる場面」の例：道案内の場面
　　A: ‘Go straight.’
　　B: ‘OK.’

「依頼に応じる場面」の例：レストランでの注文する場面
　　A: ‘What would you like?’
　　B: ‘I’d like beefsteak and an omelet.’
　　A: ‘OK, beefsteak and an omelet.’
　　B: ‘I’d like fruit for dessert.’
　　A: ‘OK, beefsteak, an omelet, and fruit.’
　　B: ‘Yes.’

5つの領域別の目標			
	小学校第3学年及び第4学年 外国語活動	小学校第5学年及び第6学年 外国語	中学校 外国語	高等学校 英語コミュニケーションⅠ
話すこと [やり取り]	ア　基本的な表現を用いて挨拶、感謝、簡単な指示をしたり、それらに応じたりするようになる。	ア　基本的な表現を用いて指示、依頼をしたり、それらに応じたりすることができるようにする。	ア　関心のある事柄について、簡単な語句や文を用いて理解し伝え合うことができるようになる。	ア　日常的な話題について、使用する語句や文、対話の展開などにおいて、多くの支援を活用すれば、基本的な語句や文を用いて、情報や考え、気持ちなどを話して伝え合うやり取りを続けることができるようにする。
	イ　自分のことや身の回りの物について、動作を交えながら、自分の考えや気持ちなどを、簡単な語句や基本的な表現を用いて伝え合うようにする。	イ　日常生活に関する身近で簡単な事柄について、自分の考えや気持ちなどを、簡単な語句や基本的な表現を用いて伝え合うことができるようにする。	イ　日常的な話題について、事実や自分の考え、気持ちなどを整理し、簡単な語句や文を用いて伝えたり、相手からの質問に答えたりすることができるようにする。	イ　社会的な話題について、使用する語句や文、対話の展開などにおいて、多くの支援を活用すれば、聞いたり読んだりしたことを基に、基本的な語句や文を用いて、情報や考え、気持ちなどを論理性に注意して話して伝え合うことができるようになる。
	ウ　サポートを受けて、自分や相手のこと及び身の回りの物に関する事柄について、簡単な語句や基本的な表現を用いて質問をしたり質問に答えたりするようにする。	ウ　自分や相手のこと及び身の回りの物に関する事柄について、簡単な語句や基本的な表現を用いてその場で質問をしたり質問に答えたりして、伝え合うことができるようにする。	ウ　社会的な話題に関して聞いたり読んだりしたことについて、考えたことや感じたこと、その理由などを、簡単な語句や文を用いて述べ合うことができるようにする。	

図2　小・中・高等学校の話すこと（やり取り）の比較

（文部科学省、2019a、pp.307-308）

（小林　翔）

資料2　新学習指導要領と CEFR

　平成20年告示の小学校学習指導要領の外国語活動編（文部科学省、2008）では技能別・領域ごとの目標は設定されていなかったが、平成29年3月告示の小学校学習指導要領の外国語活動（文部科学省、2018a）では（1）聞くこと（2）話すこと（やり取り）（3）話すこと（発表）の3つの領域ごとの具体的な目標や言語活動及び言語の働きに関する事項が設定された。さらに、外国語科（文部科学省、2018a）では、（4）読むこと（5）書くことが加わり、5つの領域の言語活動を通してコミュニケーションを図る基礎となる資質・能力を育成することが追加された。それぞれの目標の実現に向けて、そこに至る段階を示すために5つの領域別の目標を設定している。これによって、小・中・高等学校で、一貫した英語の目標がより具体的に、より明確に示されることになった。

　特に、「話すこと」に関しては、複数の話者が相互に話し、伝え合う場合（やり取り）と一人の話者が連続して話す場合（発表）の違いを明確にした。中学校や高等学校の新学習指導要

領にも新設された領域であり、一方通行的なコミュニケーションではなく、双方向のコミュニ
ケーションを重視している。これは、国際的な基準として広く利用されている CEFR（外国語
の学習、教授、評価のためのヨーロッパ共通参照枠）では、話すことを「やり取り」と「1 人
で話す」に分けていることに習い、新学習指導要領においても、「やり取り」がコミュニケー
ションにおいて重要な役割を果たすとしたからである。

　このように CEFR の外国語教育、英語教育に与える影響は現在無視できない。以下に簡
単に CEFR について説明する。CEFR（Common European Framework of Reference for
Languages）は欧州評議会（Council of Europe）という EU とは異なる国際機関の中の一部
門が作成した。EU と同様に欧州統合を目指すこの機関が CEFR に託しているのは、欧州内の
47 加盟国（EU より多い）の人やモノの移動を容易にする手段としての役割である。雇用や旅
行などでの人の移動は欧州の統合に伴い、ますます加速する。問題になるのは、職場あるいは
学校でのコミュニケーション力である。その際、欧州内のどこの国から来て、どの言語を話す
としても同じ共通の尺度で言語力を確認できればきわめて都合がよいだろう。これが CEFR
の重要な目的であり、これを用いることで言語の教育、学習、評価の効率化を図ることを可能
にしたと言える。

　CEFR は現時点で 30 年に渡る作成、研究の歴史があり欧州どころか世界中の言語教育に影
響を与え、もはやそれ自体が「共通語」として機能しているといえるだろう。CEFR は簡単に
言うと言語能力の記述が 6 段階のレベルで書かれているものである。A1、A2 というのが一番
下のレベルであり、basic user と呼ばれる。中間が B1、B2 であり independent user と呼ばれ、
一番上が C1、C2 で proficient user である。この 6 段階のレベルをさまざまな言語活動におい
て記述している。基本的な活動は聞く、読む（受容活動）、話す、書く（産出活動）ことだが、
話すことは上述のように monologue（1 人で話すこと、「発表」ではない）と interaction（や
り取りの活動）にわかれている。やり取りでは書くことについても記述されている。これらの
基本活動のほかに、もっと細かい状況による活動での記述も含んでいる（例えば、ノートをと
る、レポートを書くなど）。それぞれの記述は Can Do Statement という「…ができる」とい
う形で書かれている。

　このように「文法力」の記述ではなく、言語を用いて何が行動（action）としてできるのか
について記述することは、現在の主流の言語力観を反映しているものである。つまりコミュニ
ケーション力は、何らかの活動（社会・公共、個人、仕事、学校などの領域）において言語行
動ができることと CEFR では規定されているのである。CEFR でもいわゆる文法、社会言語、
語用などのコミュニケーション能力の基盤的要素も 6 段階で記述されてはいるが、補完的なも
のである。

　また、CEFR は生涯学習のために利用することを視野に入れており、DIALANG という自

己評価のポートフォリオも多言語で作成している。このポートフォリオは小さなパスポートのようなものであり、自分が目標言語でどのようなことができるかを継続的に記載することができる。欧州内の往来をスムーズにするためには、個人個人が複数の言語を運用できることが望まれる。そのような力を生涯に渡って伸ばすための道具として利用することも CEFR の主要目的であるのだ。

　CEFR の記述は極めてシンプルであり、わかりやすいが捉えどころがないとも言える。実際に学校や職場などで運用するには、これをベースにもっと細かな規定が必要であり、各国の学校などでは CEFR を利用して独自のスケールを作成している。CEFR をこのまま教室での指導・評価などに使うことは、そもそも念頭に置かれて作られていない。あくまで参照に利用する大枠と考えるべきである。

（小林翔・齋藤英敏）

資料３　ビデオ通話やアプリを利用した実践

① 　スカイプを活用した異文化交流クイズ（ミステリー・スカイプ）
　・内容：Discover the world from your classroom with Mystery Skype.
　　　　　国旗クイズや世界の国について学習し、興味・関心を高めたところで、実際に世界の教室と日本の教室をビデオ通話でつなぎ、コミュニケーション活動を行う。この活動の目的は、ビデオ通話でつながった世界の教室がどこの国なのかを推測し、Yes/No question のみを用いて交互に質問し、相手の国名を当てることである。つまり、これまで日本の自分たちの教室内だけで疑似的に行ってきた国名当てクイズの本番である。
　・準備物：ビデオ通話の相手先、カメラ付きパソコン、インターネット環境、表現カード
　・ねらい：コミュニケーションを行う目的・場面・状況に応じて、この単元で学習してきた
　　　　　　言語表現を用いて自分の考えや気持ちなどを伝え合うことができる。異文化を
　　　　　　理解し、世界に向けて発信し、主体的に学ぶ姿勢を育てることができる。
　・進め方：
　　　日本と相手の国の教師同士が事前に、ビデオ通話アプリのスカイプ等を活用してミステリー・スカイプを行う打ち合わせをする。小学校の場合は、あらかじめ教員同士の打ち合わせの段階で質問項目を限定しておくとスムーズに進行できる。例えば、国旗に関する質問 "Do you have 〜?"、場所に関する質問 "Are you in Asia/Europe/North America/Africa ?"、"Is it north/south/east/west of 〜?"、時差に関する質問 "Is it

night/morning/afternoon in your country?"、気候に関する質問 "Is it hot/cold?" についてお互いに質問したり、答えたりするようにルールを決める。こうすることで、児童はこれまでの学習で慣れ親しんできた表現に触れる機会になる。

　もちろん、予想外のことを聞かれることもあるが、その場合は教師が別の表現で言い換えて児童に伝えたり、日本語で伝えたりしながら適切にサポートする。質問する時は、4人グループで質問内容を考え、順番にパソコンの前に行き、声を合わせて一緒に質問する。相手の質問に答える時は、全員で一斉に答える。グループやクラス全員で協力し合いながらコミュニケーションするので、英語力だけでなく、団結力やクラスの雰囲気も良くなることが期待できる。さらに、英語を使う目的・状況・場面があり、日本の教室にいながらも世界の教室とつなぐことで、異文化文化理解や世界への興味や関心を高めることができ、英語学習への動機を高めることにつながる。実践の風景は図3を参照されたい。

◎解説：

　相手の国が同じアジア圏の国の場合は、お互いの顔を見ただけで、すぐに国名が当てられてしまう場合もある。実際にベトナムと交流した時はすぐに言い当てられてしまった。その場合は、住んでいる地域（例：茨城県水戸市）まで当てられるようにクイズを続け、最後まで続ける。適当に国名や地域を繰り返すだけでなく、的を絞っていけるような質問を考えさせることが重要である。例えば、"Do you live in Tokyo?" や、"Do you live in Hokkaido?" と県名のみの質問等で当てずっぽうに言っていくのではなく、"Is it north of Tokyo?" などの場所を示す質問を繰り返し、少しずつ的を絞っていくとよい。世界地図も国名だけでなく、state、city までが表示されている世界地図も別に用意するか、タブレットを使用すると地域まで言い当てることが可能になる。他にも、Blind Skype といって最初はカメラをオフにした状態で国当てクイズを行い、国名が当たった後に、カメラをオンにし、住んでいる地域までやり取りを続けるなど工夫して実施すると盛り上がる。

　相手の質問に答える時は、Yes、No をはっきり言わないと、相手を混乱させてしまい、クイズが失敗してしまうので、口頭だけでなく、Yes、No が書かれたカードを準備し、相手に見せながら言うことや、相手の質問に答える際や相手に質問をする際に考える時間が必要な時は、We are thinking. のカードを示す。さらに、質問のたびに My turn. や、Your turn. のカードを見せながら伝えることで、相手の国の児童と日本の児童が交互に言う順番が明確になる。こうすることで、ビデオ通話の進行がスムーズに行われる。英語のやり取りの機会を提供するだけでなく、世界地図を利用するため、社会科とも密接に関連した教科横断型活動である。日本の地理についても再確認するなど、小学生から大学生まで対象年齢を問わず、とても勉強になる。

　ミステリー・スカイプの実践例におけるビデオ通話の相手は、マイクロソフトの Microsoft

Educator Community（MEC）を活用してすぐに見つけることができる。これは、100万人以上が参加する世界最大級の教員コミュニティである。日本にいながらでも、児童がALTなど外国人と話をする機会は増えてはきているが、同じ年齢の子どもたちや、聞いたことのない国の児童とコミュニケーションする機会はほとんどない。しかし、ICTを活用することで、海外に行く時間や費用などの問題点を解決でき、誰でも参加できる。世界の教室とつながった瞬間や、児童の英語が相手に通じた瞬間の児童の満面な笑みや、驚いている表情を見ると、このような実際に英語を使う必要性のある場面の重要性を再確認できるだろう。

図3　スカイプの実践風景

② Flipgrid

ねらい：スカイプの異文化交流後の振り返りを通して、学習した表現の定着や、自分の言いたい気持ちや考えを表現できる。異文化を理解し、世界に向けて発信し、主体的に学ぶ姿勢を育て、世界の教室と協同で学習する（collaboration）ことができる。

進め方：タブレットやパソコンを用いて振り返りの動画を撮影する。異文化交流で使用した表現や、さらに聞きたいことなど、動画で撮影する内容を決めて、個人やグループで動画をアップする。他のメンバーの動画を視聴し、さらに動画で返信する。この流れを繰り返す。

◎解説：Flipgridとは、スマートフォンやパソコンから動画を投稿して、共有できるツールである。録画時間も最短で15秒以内から、30秒、45秒、1分、1分30秒、2分、2分30秒、3分、5分以内という幅の中であれば、教師が自由に指定できる。利用方法はいくつかあるが、ここでは、筆者がいつも利用している方法を紹介する。無料のアプリをインストールし、2つのコード（登録者である教師が登録時に作成した数字を児童に伝える）を入力すれば、タブレットやスマートフォンなどで簡単に投稿でき、お互いに口頭でフィードバックできる。Flipgridは世界180ヵ国200万人以上が利用している動画ベースの学習ツールであり、他のクラスや学校との交流、海外との交流もこのビデオメッセージでいつでもどこでもアクセスができるため、教育の個別化にも最適である。

　例えば、スカイプ後の振り返りの活動として利用すると、個々の学習の履歴として記録されるので、好きなだけ繰り返し再生したり、見直したりすることができる。他にも、教師がトピックをたて、そのお題に対してそれぞれが動画で回答する。個人でなく、グループでの回答にすれば、協働的にも取り組める。自分が話している英語や、友達の英語等、何度も繰り返し視聴したい部分を自分で選択して再生できるので、コミュニケーションの働きも客観的に捉えることが期待できる。児童が自身のパフォーマンスを録画し、何度も見直すことで成長を見取ったりすることもできる。また、再生回数を表示できるため、本人が何回見たかも確認できる。字幕機能もついており、話している時と同時に字幕が現れるため、リスニングだけで聞き取れなかった時も、字幕機能を利用して再チャレンジできる。

　他にも、グループ発表などのパフォーマンス評価にも利用できる。授業中では観察しきれなかった児童への対応として、授業外で教師の口頭によるフィードバックも行う。そうすることで、児童一人ひとりにきちんと向き合う時間が作れる。

　個人情報の取扱いや、児童がふざけて使用しないようにルールを徹底するなど、小学校で利用する場合は特に注意が必要である。タブレットを貸し出し、授業中のみ閲覧可の状態にし、制限するなどし、教師がしっかりと管理しなければならない。動画の内容を事前に確認したい場合や、児童が自由にアップロードすることに不安がある場合は、教師が事前に内容を確認し、問題なければ投稿を許可することや動画をダウンロードできないように制限することもできる。

　新しいことに挑戦するには、不安やいろいろ超えなければならない問題がつきものである。しかし、今後BYOD（Bring your own device, パソコンなど、自分の端末は自分で持参し利用すること）化が進み、児童1人ひとりが当たり前のようにICTを用いて授業に参加する時代がもうそこまで来ている。管理した上で、行うことができれば、教育的効果はかなり大きい

図4　Flipgrid の実践風景

ものになるだろう。海外との交流も容易になり、授業外でも個別に学習でき、いつでもどこでも世界とアクセスが可能な社会で児童は生活していく。ICT を活用すれば、授業時間の問題や、クラスサイズの問題などの解決策になり、教師 1 人がクラス全員の児童に個別に対応することも可能になるだろう。

　しかし、ICT に過度に頼りすぎるのは注意したほうがよい。確かに強力な学習ツールになりうるが、機器のトラブルはつきものであり、パソコンが固まってしまうことや、通信障害など想定外のことが起こることもある。そうなった場合の対処方法や代替案も用意しておくと、そうしたトラブルにも対応できるだろう。ICT は、現実味のある言語活動の実現に寄与し、扱い方次第では協働的な学びや学習内容を深めるための足場かけのツールとして非常に有効であり、新たな発見や学びを共有する絶好の機会となることが期待される。

（小林　翔）

引 用 文 献

[和書]

朝日新聞（2006）「小学校から英語を必修？」2006 年 4 月 24 日朝刊

朝日新聞（2010）「オピニオン異議あり」2010 年 9 月 3 日朝刊

アレン玉井光江・阿野幸一・濱中紀子、他（2020）『NEW HORIZON Elementary English Course 6』東京書籍

有馬朗人、他（2014）『新版たのしい理科 3 年』大日本図書

猪井新一（2015）「小学校英語に対する学習者の態度は中学校で変化するのか」『茨城大学教育学部紀要（教育科学）』第 64 号、pp.135-149

猪井新一・真歩仁しょうん（2020）「小学校英語授業における HRT の T1 化を目指して ― EFL の観点から ―」『茨城大学教育学部紀要（教育科学）』第 69 号、pp.183-193

内野範子、他（2014）『私たちの家庭科 5・6』開隆堂

大津由紀雄・窪薗晴夫（2008）『ことばの力を育む』慶應義塾大学出版会

岡　秀夫・金森　強（2007）『小学校英語教育の進め方』成美堂

衣笠知子（2010）「子どもに聞かせたい絵本と活用法 樋口忠彦・大城賢・國方太司・高橋一幸（編著）『小学校英語教育の展開：よりよい英語活動への提言』(pp.162-166)：研究社

経済産業省（2002）「通商白書 2002」http://warpdandlgojp/info:ndljp/pid/1368617/wwwmetigojp/hakusho/tsusyo/soron/H14/Z04-03-07-00htm（2019 年 11 月 21 日閲覧）

小池幸司・神谷加代（2018）『i pad 教育活用 7 つの秘訣 2 ― 新しい学びの実践者に聞く ICT 活用実践と 2020 年突破の鍵 ―』ウィネット出版

小林翔（2019a）「小学校英語の学習指導要領新旧比較及び授業実践」『茨城大学教育学部紀要（教育科学）』第 68 号、pp.187-206

小林翔（2019b）「中学校外国語新学習指導要領を実践する ― 英語の「見方・考え方」を働かせた「深い学び」―」『中学校英語科教授用資料：目的・場面・状況を意識させる文法指導の工夫』(pp.4-9) 東京書籍

小林翔（2020）「即興的スピーキングに対する中学校教員の意識 ― 教員研修後のアンケート結果から ―」『茨城大学教育学部紀要（教育科学）』第 69 号、pp.243-252

小森茂　他（2016）『新編あたらしいこくご一下』東京書籍

島崎貴代・本田勝久（2010）「学習意欲を高める評価の進め方」 樋口忠彦・大城賢・國方太司・高橋一幸（編著）『小学校英語教育の展開：よりよい英語活動への提言』(pp.200-217)：研究社

土屋澄男・広野威志（2000）『新英語科教育法入門』研究社

東京書籍（2019）「NEW HORIZON Elementary の構成と QR コンテンツの紹介」http://pm22-tosho.cloudapp.net/html5/html5lib/v2.75/mwEmbedFrame.php/p/103/uiconf_id/23448224/entry_id/0_g197swes?wid=_103&iframeembed=true&playerId=kaltura_player_1453971164&entry_id=0_g197swes（2019 年 12 月 15 日閲覧）

東京都教育委員会（2016）「平成 27 年度 ICT 教育フォーラム報告書　ICT 活用推進校実践事例集　タブレット PC を活用した授業について」http://wwwkyoikumetrotokyojp/school/document/ict/files/document/27ict_suishinkoupdf（2019 年 11 月 21 日閲覧）

直山木綿子（2008）『ゼロから創る小学校英語』文溪堂

新潟大学教育学部附属新潟小学校（2017）『ICT ×思考ツールでつくる「シュア知的・対話的で深い学び」を促す授業』小学館、pp.8-11

バトラー後藤裕子（2005）『日本の小学校英語を考える』三省堂

ベネッセコーポレーション（2007）「第 1 回小学校英語に関する基本調査（保護者調査）速報版」Benesse 教育研究開発センター

堀田龍也（2017）「巻頭提言「ICT ×ツール」を活用した授業の意義」新潟大学教育学部附属新潟小学校『ICT ×思考ツールでつくる「シュア知的・対話的で深い学び」を促す授業』小学館、pp.8-11

堀田龍也（2018）「ICT 活用の分類」髙橋純・寺嶋浩介編『初等中等教育における ICT 活用』ミネルバ書房、pp.25-46

松川禮子・大城　賢（2008）『小学校外国語活動実践マニュアル』旺文社

三宅川正・増山節夫（1986）『英語音声学 — 理論と実際 —』英宝社

文部科学省（1998）「小学校学習指導要領平成 10 年 12 月告示、15 年 12 月一部改正」http://wwwmextgojp/a_menu/shotou/cs/1320013htm（2019 年 10 月 03 日閲覧）

文部科学省（2001）『小学校英語活動実践の手引き』開隆堂

文部科学省（2003）「確かな学力」http://wwwmextgojp/a_menu/shotou /gakuryoku/korekarahtm（2019 年 12 月 15 日閲覧）

文部科学省（2006）「資料 3-1　小学校段階における英語教育について（審議状況）（案）」http://wwwmextgojp/b_menu/shingi/chukyo/chukyo3/015/siryo/attach/1379910htm（2019 年 10 月 03 日閲覧）

文部科学省（2008）『小学校学習指導要領解説外国語活動編』東洋館出版社

文部科学省（2009a）『英語ノート 1』教育出版

文部科学省（2009b）『英語ノート 1 指導資料』文部科学省

文部科学省（2009c）『小学校外国語活動研修ガイドブック』旺文社

文部科学省（2012a）『Hi, friends! 1』文部科学省

文部科学省（2012b）『Hi, friends! 2』文部科学省

文部科学省（2015）「教育課程企画特別部会における論点整理について（報告）」教育課程企画特別部会論点整理補足資料（1）http://wwwmextgojp/component/b_menu/shingi/toushin /__icsFiles/afieldfile/2015/09/24/1361110_2_1pdf（2019 年 10 月 03 日閲覧）

文部科学省　（2016）「幼稚園、小学校、中学校、高等学校及び特別支援学校の学習指導要領等の改善及び必要な方策等について（答申）」『中央教育審議会』http://wwwmextgojp/b_menu /shingi/chukyo/chukyo0/toushin/__icsFiles/afieldfile/2017/01/10/1380902_0pdf　（2019 年 10 月 03 日閲覧）

文部科学省（2017）「平成 29 年度英語教育改善のための英語力調査　事業報告」https://www.mext.go.jp/a_menu/kokusai/gaikokugo/_icsFiles/afieldfile/2018/04/06/1403470_02_1.pdf（2019 年 12 月 15 日閲覧）

文部科学省（2018a）『小学校学習指導要領（平成 29 年告示）解説外国語活動・外国語編』開隆堂

文部科学省（2018b）『中学校学習指導要領（平成 29 年告示）解説外国語編』開隆堂

文部科学省（2018c）『Let's Try! 1』東京書籍

文部科学省（2018d）『Let's Try! 2』東京書籍

文部科学省（2018e）『We Can! 1』東京書籍

文部科学省（2018f）『We Can! 2』東京書籍

文部科学省（2019a）『高等学校学習指導要領（平成 30 年告示）解説外国語編・英語編』開隆堂

文部科学省（2019b）「学校における教育の情報化の実態等に関する調査」https://wwwe-statgojp/statsearch/files?page=1&layout=datalist&toukei=00400306&tstat=000001045486&cycle=0&tclass1=000001132708&tclass2=000001132709（2019 年 12 月 15 日閲覧）

[洋書]

Amer, A. A.（1997）. The effect of the teacher's reading aloud on the reading comprehension of EFL students. *ELT Journal*, *51*（1）, pp.43-47.

Anderson, J. R.（1999）. *Learning and memory: An integrated approach*（2nd ed.）. New York, NY: John Wiley & Sons.

Anvari, S., Trainor, L. J., Woodside, J., & Levy, B. A.（2002）. Relations among musical skills, phonological processing, and early reading ability in preschool children. *Journal of Experimental Child Psychology, 83* (2), pp.111-130.

Bachman, L., & Palmer, A. (2010). *Language assessment in practice.* Oxford, UK: Oxford University Press.

Blok, H. (1999). Reading to young children in educational settings: A meta-analysis of recent research. *Language Learning, 49* (2), pp.343-371.

Brookhart, S. M. (2013). *How to create and use rubrics for formative assessment and grading.* Alexandria, VA: ASCD.

Brookhart, S M., & Nitko, A. J. (2008). *Assessment and grading in classrooms.* Upper Saddle River, NJ: Pearson.

Brown, S. (2001). Are music and language homologues? *Annals of the New York Academy of Sciences, 930* (1), pp.372-374.

Brown, S. & Larson-Hall, J. (2012). *Second language acquisition myths: Applying second language research to classroom teaching.* Ann Arbor, MI: University of Michigan Press.

Bryant, P. E., Bradley, L., Maclean, M., & Crossland, J. (1989). Nursery rhymes, phonological skills and reading. *Journal of Child Language, 16,* pp.407-428.

Cabrera, M. P., & Martinez, P. B. (2001). The effects of repetition, comprehension checks, and gestures on primary school children in an EFL situation. *ELT Journal, 55* (3), pp.281-288.

Cameron, L. (2001). *Teaching languages to young learners.* Cambridge, UK: Cambridge University.

Carle, E. (1997). *From head to toe.* Harper Collins.

Carle, E. (2002). *The very hungry caterpillar.* Edinburgh Gate, Essex, UK: Pearson Education.

Christelow, E. (1989). *Five little monkeys jumping on the bed.* New York, NY: Clarion Books.

Collins, M. F. (2010). ELL preschoolers' English vocabulary acquisition from storybook reading. *Early Childhood Research Quarterly, 25* (1), pp.84-97.

Davis, G. M. (2017). Songs in the young learner classroom: A critical review of evidence. *ELT Journal, 71* (4), pp.445-455.

Davison, C., & Leung, C. (2009). Current issues in English language teacher-based assessment. *TESOL Quarterly, 43* (3), pp.393-415.

Dhaif, H. (1990). Reading aloud for comprehension: a neglected teaching aid. *Reading in a Foreign Language, 7* (1), pp.457-464.

Dolean, D. D. (2016). The effects of teaching songs during foreign language classes on students' foreign language anxiety. *Language Teaching Research, 20* (5), pp.638-653.

Elley, W. B. (1989). Vocabulary acquisition from listening to stories. *Reading Research Quarterly, 24* (2), pp.174-187.

Ellis, R. (2008). *The study of second language acquisition.* Oxford, UK: Oxford University Press.

Fisher, D. (2001). Early language learning with and without music. *Reading Horizons, 42* (1), pp.39-49.

Garcia, O., & Kleyn, T. (2016). Translanguaging theory in education. In O. Garcia & T. Kleyn (Eds.), *Translanguaging with multilingual students: Learning from classroom moments* (pp.9-33). New York, NY: Routledge.

Gass, S., & Mackey, A. (2007). Input, interaction, and output in second language acquisition In B. VanPatten & J. Williams (Eds.), *Theories in second language acquisition: An introduction* (pp.175-199). Mahwah, NJ: Lawrence Erlbaum.

Hutchins, P. (1968). *Rosie's walk.* New York, NY: Simon & Schuster.

Hyltenstam, K., & Abrahamsson, N. (2003). Maturational constraints in SLA. In C. J. Doughty & M. H. Long (Eds.), *The handbook of second language acquisition* (pp.539-588). Malden, MA: Blackwell.

Jackson, F. H., & Kaplan, M. A. (1999). Lessons learned from fifty years of theory and practice in government language teaching. *Georgetown University Round Table on Languages and Linguistics 1999*, pp.71–87.

Jenkins, J. (2009). Exploring attitudes towards English as a lingua Franca in the East Asian context. In Murata, In K. Murata & J. Jenkins (Eds.), *Global Englishes in Asian contexts: Current and future debates* (pp.45–56). Basingstoke, UK: Palgrave Macmillan.

Li, W. (2018). Translanguaging as a practical theory of language. *Applied Linguistics, 39* (1), pp.9–30.

Lightbown, P. M. & Spada, N. (2013). *How languages are learned (4th ed.)*. Oxford, UK: Oxford University Press.

Lionni, L. (1963). *Swimmy*. New York, NY: Dragonfly Books.

Mackey, A., & Polio, C. (2009). Introduction. In A. Mackey & C. Polio (Eds.), *Multiple perspectives on interaction: Second language research in honor of Susan M. Gass* (pp.1–10). New York, NY: Routledge.

Mak, B., Coniam, D., & Kwan, M. C. S. (2007). A buddy reading programme in Hong Kong schools. *ELT Journal, 62* (4), pp.385–394.

Martin, Jr. B. & Carle, E. (1984). *Brown bear, brown bear, what do you see*. Edinburgh Gate, Essex, UK: Pearson Education.

McGee, L. M., & Schickendanz, J. A. (2007). Repeated interactive read-alouds in preschool and kindergarten. *The Reading Teacher, 60* (8), pp.742–751.

McKay, P. (2006). *Assessing young language learners*. Cambridge, UK: Cambridge University Press.

McKee, D. (1980). *Not now, Bernard*. Edinburgh Gate, Essex, UK: Oliver & Boyd.

Medgyes, P. (1994). *The non-native teacher*. London, UK: Macmillan Publishers.

Mooney, C. G. (2000). *Theories of childhood: An introduction to Dewey, Montessori, Erikson, Piaget, & Vygotsky*. St. Paul, MN: Redleaf.

Nation, I. S. P. & Newton, J. (2009). *Teaching ESL/EFL listening and speaking*. New York, NY: Routledge.

Ostroff, W. L. (2012). *Understanding how children learn: Bringing the science of child development to the classroom*. Alexandria, VA: ASCD.

Patel, A. D., & Iversen, J. R.(2007). The linguistic benefits of musical abilities. *Trends in Cognitive Sciences, 11*(9), pp.369–372.

Philip, J., Adams, R., & Iwashita, N. (2014). *Peer interaction and second language learning*. New York, NY: Routledge.

Phillipson, R. (1992). *Linguistic imperialism*. Oxford, UK: Oxford University Press.

Pinter, A. (2011). *Children learning second languages*. Basingstoke, UK: Palgrave Macmillan.

Rea-Dickins, P. (2001). Mirror, mirror on the wall: Identifying processes of classroom assessment. *Language Testing, 18* (4), pp.429–462.

Romney, J. C., Romney, D. M., & Braun, C. (1988). The effects of reading aloud in French to immersion children on second language acquisition. *The Canadian Modern Language Review, 45* (3), pp.530–538.

Ryan, R. M., & Deci, E. L. (2000). Self-determination theory and the facilitation of intrinsic motivation, social development, and well-being. *American Psychologist, 55* (1), pp.68–78.

Ryan, R. M., & Deci, E. L. (2017). *Self-determination theory: Basic psychological needs in motivation, development, and wellness*. New York, NY: The Guilford Press.

Saito, H. (2016). Validity and reliability. *JLTA Journal, 19*, pp.35–40.

Santoro, L. E., Chard, D. J., Howard, L., & Baker, S. K. (2008). Making the very most of classroom read-alouds to promote comprehension and vocabulary. *The Reading Teacher, 61* (5), pp.396–407.

Schellenberg, E. G., & Winner, E. (2011). Music training and nonmusical abilities: Introduction. *Music Perception, 29*, pp.129–132.

Schön, D., Boyer, M., Moreno, S., Besson, M., Peretz, I., & Kolinsky, R. (2008). Songs as an aid for language acquisition. *Cognition, 106* (2), pp.975–983.

Shannon, D. (1998). *No, David!* New York, NY: Blue Sky Press.

Singleton, D. (2003). Critical period or general age factor(s)? In M. D. P. Garcia Mayo & M. L. Garcia Lecumberri (Eds.), *Age and the acquisition of English as a foreign language* (pp.3–22). Clevedon, UK: Multilingual Matters.

Tallal, P., & Gaab, N. (2006). Dynamic auditory processing, musical experience and language development. *Trends in Neurosciences, 29* (7), pp.382–390.

Vivas, E. (1996). Effects of story reading on language. *Language Learning*, 46, pp.189–216.

Wells, G. (1986). *The meaning makers: Children learning language and using language to learn.* Portsmouth, NH: Heinemann.

Whitehurst, G. J., Falco, F. L., Lonigan, C. J., Fischel, J. E., DeBaryshe, B. D., Valdez-Menchaca, M. C., & Caulfield, M. (1988). Accelerating language development through picture book reading. *Developmental Psychology, 24* (4), pp.552–559.

Wiggins, G., & McTighe, J. (1998). *Understanding by design.* Upper Saddle River, NJ: Merrill Prentice-Hall.

Wiliam, D. (2011). *Embedded formative assessment.* Bloomington, IN: Solution Tree.

Yule, G. (1985). *The study of language.* Cambridge, UK: Cambridge University Press.

Zhao, T. C., & Kuhl, P. K. (2016). Musical intervention enhances infants' neural processing of temporal structure in music and speech. *Proceedings of the National Academy of Sciences of the United States of America, 113* (19), pp.5212–5217.

執筆者一覧および執筆分担

猪井　新一　（いのい　しんいち）

【第1章 -1、第2章、第3章、第5章、第7章 -3、第8章、第9章 -2、3、第11章 -1、2、3、第13章、第14章】
茨城大学教育学部教授。東北大学大学院情報科学修了 博士（学術）。高校教諭、奥羽大学文学部、北海道教育大学旭川校、会津大学短期大学部を経て現職。全国英語教育学会（ARELE）紀要、小学校英語教育学会紀要（JES）、東北英語教育学会紀要などの役員、査読委員等を歴任。主な論文「小学校英語に対する学習者の態度は中学校で変化するのか」「小学校英語授業における HRT の T1 化を目指して — EFL の観点から — 」など。

齋藤　英敏　（さいとう　ひでとし）

【第4章、第6章、第9章 - 1、第10章、第11章 - 4、5、 資料2】
茨城大学教育学部准教授。The Ohio State University（PhD）修了。高校教諭、北星学園大学講師、などを経て現職。専門は英語教育、評価、教師教育。国際学術誌、*ELT Journal*、*Language Testing*、*Language Assessment Quarterly* などに論文を発表。著書は『第二言語習得と英語科教育法』（共編著、開拓社）、『*Exploring the Relationship between Assessment and Learning in CLIL Classrooms*』（共著、Springer より 2020 年出版予定）など。大学入試センター作問委員、日本教育大学協会外国語部門長、国際学術誌の査読委員を歴任。現在、日本言語テスト学会副会長。また中学校検定教科書『NEW HORIZON』（東京書籍）の編集にも携わる。

小林　翔　（こばやし　しょう）

【第1章 - 2、 第7章 - 1、2、4、第12章、資料1、2、3】
茨城大学教育学部助教。関西大学大学院修了 修士（外国語教育学）。東京都立高等学校、附属中学校主任教諭等を経て現職。専門は英語授業実践学。単著書に『高校英語のアクティブ・ラーニング 生徒のやる気を引き出すモチベーション・マネジメント 50』（明治図書）、『高校英語のアクティブ・ラーニング成功する指導技術＆4技能統合型活動アイデア 50』など、共著書に『英語授業の心・技・愛 — 小・中・高・大で変わらないこと — 』など多数。小学校英語検定教科書『NEW HORIZON Elementary』（東京書籍）、中学校検定教科書『NEW HORIZON』（東京書籍）の編集委員も務める。関東甲信越英語教育学会マルチメディア委員会副委員長。マイクロソフト認定教育イノベーター。

学級担任が創る小学校英語の授業

2020 年 4 月 20 日　初版第 1 刷発行

■ 著　　　者──猪井新一・齋藤英敏・小林　翔
■ 発 行 者──佐藤　守
■ 発 行 所──株式会社 大学教育出版
　　　　　　　〒 700-0953　岡山市南区西市 855-4
　　　　　　　電話（086）244-1268　FAX（086）246-0294
■ 印刷製本──モリモト印刷㈱

ISBN978－4－86692－070－2